一竿釣談

目次

渓谷にて

冬が過ぎ、春の訪れとともに雪解けの水に野や山は緑も増し、日毎にその色彩を濃くしていた。

木の芽、草の芽が吹き出すのを首を長くして待っていた野兎などの小動物たちは、たっぷりと充ちた草汁を堪能し、水中の魚たちが活動を開始するのも、この季節からである。

釣人や山歩きの人たちが泊まる山小屋に着いたのは、日暮れにかかる時刻だった。数日前に降った大雨の水量は納まっているときいていたが、幾重にも続く棚や瀬、上流に見える明るい雑木林の中を流れる好釣場の水位も平常に戻っているらしい。山小屋の前の魅惑的な淵の岸辺には密生して、硅藻が付着した石や、一抱えも二抱えもありそうな水中の岩の肌には魚たちが、好物の川虫もひそんでいることだろう。増水の前の渓谷の状態にも増して、清らかな水質をしているような気さえする。羽化を待つ水生昆虫たちが豊富にひそんでいる自然の恵みが脳裏に浮かんで、釣果への期待感で胸踊るような思いが湧いてくる。

夕食を済ませて茶を飲みながら休んでいると、山小屋の中年の主人がきて、川岸に生えた親指の太さほどの水蕗を取りに行ったとき、足元の水面へ山かがしが泳ぎ出し、対岸を目ざして川の中心部にさしかかった時、水中に黒い影が動いた。岩魚か山女魚らしいが見ていると三十糎位の魚体が、水面を泳ぐ蛇を追いはじめた。緩い流れを川下へ流され気味に体をくねらせて泳ぐ蛇を、魚は浮き出てきたかと見ると蛇の尾をくわえ、水中へ引き込もうと挑んだ。度々水中へ引き込まれる蛇は逃れようと下流へ泳いでいったということである。

岩魚は陸地を鰭を使って二、三米歩いているような姿を見たという木曾楢川の釣師の話も聞いていた。わずかに水分を含んだ草原に、長時間放って置いても平然としている話もある。あるいは頭を叩かれて仮死状態に落ち入った岩魚は、放っておくと、再び息を吹き返し、自ら体をひねって川へ投じ生き永らえるほどの体力を持つ例もきいた。しかし獰猛さを備えた性格から察すれば、山小屋の主人の話の中の魚は山女魚であるかもしれないと思えた。

早朝、昨夜のうちに支度しておいた釣具を持って山小屋を発った。

薄日の空合いは、辺り一面の淡い靄と見分けがつかない風景だった。落葉樹が続く上流は、春の新緑と紅葉なす色彩鮮やかな秋の季節には、素晴らしい景色になるだろうと想像できる。人知れず残存する秘境ともいうべき地域であった。その中を流れる流域を形成する岩の造形は、魚たちの棲み家として格好の淵や、せせらぐざら場や瀬を造り、申し分ない地利とは、こういう情景を譬えるのではないのだろうかと、その時脳裏をよぎった。見上げれば光るような緑に注ぐ日の光は淡く水面にそそいでいる。二人だけの孤独に浸り、都会にいて忘れていた自然の豊かさや尊さ、気まぐれに轟く雷鳴や鳥たちの鳴き声などバラエティに富んだ自然を肌で感じ、魚たちもその一員として共存させたい執念もある。釣人とはと、一歩退いて考えた時これらは矛盾することかもしれない、ともよぎるものがあった。

朝日が昇らないうちに釣場に到着した。山小屋の主人に教えてもらった流域でもある。岸辺に近寄る前に、芒や猫柳の若芽が生え揃った陰に身をひそめて、釣竿を継いだ。

仕掛けを蛇口に結び、元竿を手にして立ち上がると、永年経験している釣りにもかかわらず、見えない獲物への期待感で胸が躍り、気力の高ぶりを覚えずにはいられなかった。

渓流魚たちの朝はじっとひそんでいた淵の底や岩陰から姿を現わし、浅瀬へと出てくる。雪に埋もれた原野の雪解けの春を待っていた川虫たちが、羽化するために水中から飛び立とうとしてひそんでいた岩石の裏側から這い出し、浅瀬へと動き出すのを漁って食うためである。さらに日一日と暖気が加わるにつれて、魚たちはますます元気づき、水面すれすれに飛び立つ昆虫を大胆に追うようになる。釣師にとって、まさに絶好期到来という季節に入る。

上流は、うすい靄がたなびくように残り、水面からはしきりに水蒸気が立ちのぼっている。気を鎮め、芒《すすき》の叢《むら》が りの陰から手先だけ出すようにして、やや上手の岩陰を狙って竿を振った。

二度、三度試みたが魚影の動く気配はなく、当りもなかった。野の風景に溶け込み、魚に発見されないように十分気を配っていた筈だったが、いち早く人の気配を察知し、反対側の岩陰へ移動し警戒体制をとったのかもしれない。何かの物音に動揺すれば石の間に頭部を突っ込んで、かくれてしまう習性もある渓流魚のことだ。落着きを取り戻し、再び平静になるまで全く望みがなくなると判断するよりほかなかった。

やがて山の端を離れた太陽は、煙のような白雲をフィルターにして、軟らかい日射しを辺り一面に降り注ぎ、せせらぐ流れに銀色の鱗のような波紋を浮かべはじめた。

それにしても冬を凌いできた魚たちは、いままで乏しい川虫や雨で流れ込む小昆虫類の餌にありつく機会も少なく、飢えているはずである。それとも豊富な硅藻の付着具合から、そこに棲んでいる川虫を存分に食い足りて、少しでも怪しきはさけているのかもしれない、と考えながら釣竿を降り続けた。

日が昇ると、川岸に垂れ下がるように咲いた山吹の黄色が目立ち、若葉にそよぐ風が心地良かった。

それに反して、全く反応なしということはどうしたことだろうか。内心諦めにも似た挫折感が胸の隅に滲むように生じ、自分の釣技が悪いせいか、そうでなければ自然が味方せず、魚もまた餌を欲しない悪条件の重なりのためであるかもしれないと、悩んでいた。時間ばかりが無意味に経過するばかりであった。

午近く雲がせわしく流れはじめたと気付いていると、間なしに雨になった。山小屋に引き上げて茶をのみながら、くつろいでいると、緑の匂いが体を包むように漂っていた。ひと雨ごとに増す緑の枝葉に、豊かな養分を与えてくれる春の雨は、暖かさもあり、減水して水分を失なっていた川岸の草や苔を濡らし、生まれ変わったようなせせらぎを作り、濁り水は小虫を運び次第に水量を増して本流へと流れ込んでいく。谷や溝からの濁り水の中に交るみみずやけら等、様々の小昆虫類を漁る魚たちにとって外部から発見されにくく姿を保護されるので、雨後は大胆な行動に移る。そして、深まる春の季節と共に、上流へ上流へと小虫たちを追って細流を溯り続けるのである。

雨上がりの朝、こまどりの鳴く声を耳にしながら早めに朝食を済ませ、再度魚たちに挑戦するため山小屋を出発した。

雨後の渓流が澄むのには、長時間要しなかった。晴れれば薫風が木の枝をゆすり、毛虫等の小虫が落ちてくる。小蜂が水辺に遊ぶようになって、餌が豊富になる渓流魚たちは、ますます体形が整い肉が付いてくる季節になるところから、雨季に入る前の山女魚は鮎より美味であるという、その道の通人もいる。小鳥たちの囀りも一段と艶を増し、惜しげもなく暖気を注ぐ太陽の光は、木の葉に残る水滴をまるで宝石のように変えていた。朝は朝で、澄んだ野生の空気の中に、どこからともなく花の香りに似た芳香を運んでくれる。山の奥に人知れず咲く山桜か朴や水木の白い花からかとも思えるその香りは、しばらく続き、山椿の花一輪流れにのってゆらぐのに目を見張る思いもこの頃である。

今朝の餌には、みみずや川虫を主とした動物質のものを用意し、それほど増水したとも思えない川岸の、淡い靄がかかった河原へ出ると、小鳥たちが降りて小虫をついばんでいた。細濁《ささにご》りの水色は、絶好の条件だった。今度こそはと気負いも湧いて、気力は十分であった。目ざす雑木林は遥か彼方に見えるが、念のため下流の浅瀬から釣り上がることにした。降雨の朝は、魚は瀬や淵から川下の浅瀬に出て、流れてくる小虫や羽化しようと水面に近付く川虫類を漁りに出ているという体験もあった。しかも細濁りの状態の時は、警戒心もゆるんだ行動に出る習性があるからだ。

まず流心に近い岩陰の手前側を、下手からふわりと風のように釣竿を振った。下流から釣り上がるのは、魚たちが上流を向いているから、流れてくる餌を待っているから、魚がいると思えるポイントより遥か上手へ餌を落として攻める心得からである。また泡立つ場所では泡を打つように振り込むのは、泡の中の魚を狙うのではなく、泡から瀬頭へかかるポイントに餌を流すようにする目的からである。難しい操作だが、一度飛び付いて餌を飲み込んだらしめたものだ。そこまでもっていくには、魚が夢中になって飛びかかるような条件を充たさなければならないが、魚との駆け引きにその妙味があった。

数か所のポイントを過ぎたが、当りがないまま上流へと釣り上がった。そして、間もなく雑木林に近付いていた。ひと際目立つ橅の大木もその奥に見えている。彼方の山肌に咲き残る山桜が、消えかかる霞のようである。

雑木林の手前は檜や松が散在する日陰の流域である。川面を被うようにして木の枝も垂れ下がり、一本瀬になった本流から淵へ落ち込む瀬の泡立ちが深そうに見える。

魚は、淵に落ち込む瀬頭の泡立ちが消える個所しかいないとにらんだが、まず手始めに瀬になる裾から餌を振り込んだ。道糸を張り、わずかに上手へと竿先をあおると、餌は軽くはねる状態になった。大抵の場合すぐに魚は出てくる筈だが、姿を見せない。

やはり木の枝が張り出した陰かと判断したが、思い切って対岸の岩に餌を当てて瀬脇状になった個所へ餌を落とし、ポイントへ流し込む以外に方法はなかった。そして落ちたら川上へ軽く竿先をあおり、繰り返しながら下手へと流すより効果がないと決めた。

垂れ下がった木の枝をさけ、横から投げるようにして釣竿を振ると、岩に当った餌が水面に落ちて瀬脇に入り、瀬を走るようにして流れ出そうとした目印が微かに停止した。すかさず手首をはね上げて合わせると、ぐいっと手応えがあった。ずっしりと感じる間もなく、ぐいぐい上流へ突っ走った。テグスが水鳴りしている。

上流へ向かって走るのは、山女魚の特徴である。引き込む加減から大物と判断し、慎重に慎重にとためながら、この山女魚決して逃すまいと、肝に銘じてかかった。

木の枝をかわし、徐々に力を加えると、竿先は弓なりに弧を画いた。魚との駆け引きがはじまった。一進一退していた魚の力は、やがて弱まり、静かに手元へ引き寄せると、三十糎を越える予想通りの獲物であった。

気が付くと、太陽は昼近い位置に移っている。激しい降雨による洪水の中、あるいは涸渇した流水の中をよく生き伸びていたものだと思いながら、腰魚籠の中に収めた山女魚を改めて覗いた。やや黒みを帯びた体色になってこそいるが、背中に黒小点が散在し、横腹に小判型の斑点を均等に並べた銀色の姿態は、渓谷の女王と呼ぶに相応しい風格を具え、悠然としていた。

渓流の妖精たち

妖精たちの季節

山の雪が解けると、木々の若芽が萌えて、どこからともなく花の香りが運ばれてくる。深山に咲く山桜か、水木の白い花かとも思えるその香りとともに、椿の紅が流れにのってきて、目を見張る思いにさせられるのもこの頃である。

暖かい気候が続き、鮮やかに、黄色の山吹の花が咲いて、藤が紫の蕾の房を下げる。野山には虫が飛び交い、木の枝からは毛虫が垂れ下がる。林の中の葉陰では、ミミズ、ケラなどの小虫が動きはじめる。艶やかな枝葉は、ひと雨ごとに緑を増し、豊かな養分を与える慈雨を集めた川面には、水蒸気が立ちのぼり、川底にいたトビケラなどの幼虫たちは、浅瀬へ出て羽化する準備にかかる。

冬の間中、食糧が欠乏していた渓流の魚たちは、衰弱していた体力を取り戻そうと活気づき、積極的に餌を追う行動を開始する。譬えに、「花どきの釣りは白犬の尾にもとびつく」といわれ、渓流の妖精たちの季節になる。

やがて、陽光が燦々とふり注ぎ、風薫る季節に移ると、細かい雨が降って気温が高くなる日がある。そういう日を、山の釣師は、「ヤマメ日和」と心得ていて、待っていように谷へ入って行く。地方によっては、少し風が吹いていた方がよいという釣師もいる。前者は、葉陰などから這い出した、ミミズ、コオロギなどが、谷川へ流されてくるし、後者の場合は、それに加えて、木の枝にいる毛虫、クモなどが、風で川に落ちて流れてくるのを、渓流の妖精たちが待ち構えている期待感がある。

特に、水色が薄く濁り、曇り日か小雨の日の早朝か日没直後に勝る条件はない。川岸に立つ釣師の影は水面に映らず、周囲の情景が判別しにくい魚たちは、大胆な動きで餌を追うからである。しかし、渓流釣りでもっとも難しいのは、「第一にヤマメ釣り、次にアユの友釣り」といった定説があるように、ヤマメ、イワナはたやすく釣れる魚ではない。

アユは、周囲六尺前後から餌を追うといわれているが、ヤマメは、餌が水面に落ちるかすかな音と動きを感知して、横に走るようにして餌に飛び付くほど鋭い聴覚と視覚を持っているとともに、釣り手が一度鉤への疑惑を持たせたら、絶対といってよいほど釣れない用心深さがある。

釣りをする時の心得に、「木化け石化け」という諺がある。釣竿を構えて岸辺に立った時、周囲に生える立木のごとく、川岸に並ぶ岩石のごとく化し、風吹けば靡く草木の姿に等しく自然の物体に見せなくてはよい釣りが出来ないという教訓である。

暑気が加わると、混棲していたイワナとヤマメの生息分布がはじまる。イワナは低温の水域を求めて源流へと溯り、ヤマメは淵の底深くひそむか、清水を求めて息をついている状態に移って、釣ることは困難な季節となる。ふたたび活動を開始するのは、山野に秋が訪れて、水温が下がりはじめる九月、産卵期が間近に迫った頃である。

水の精か幻か

イワナ、ヤマメ、アマゴは、サケ科の姉妹魚で、日本の代表的な渓流魚である。

イワナは、細かい鱗で包まれた体の背の色がやや煤《すす》色で、腹部は樺色を帯びていて、背と体側に白色の小斑点が散在しているのが特徴である。

主として、北海道、東北地方から北陸地方にかけての山間部の冷水域に棲息し、深山幽谷、孤独な境地にあって生命をつなぎ、子孫を残し続けている姿から、水の精か谷の霊かとも譬えられている。

渓流の岩陰や大岩の間にある淵などに棲んでいるところから、「岩魚」と命名されているが、地方によっては、まったく異なった名称で呼ばれ、和歌山、奈良では「キリクチ」、岐阜「イモホリ」、鳥取「タンボリ」、岡山「タンブリ」、滋賀「イモウオ」、中国地方では「ゴギ、ゴキ」などと称されている。「ゴギ、ゴキ」は、古語で食べ物を盛る御器を示し、「ゴキズレ、ゴキダコ」を短く表現した言葉で、唇の端が御器ズレで白くなる腫れ物に結びつけ、イワナの口許の端が白く見えることからである。「キリクチ」は、関西の方言で「キリ」は線、節のことを意味し、イワナが口を閉じた状態を横から見ると、直線に見えるからである。「イモホリ」は、芋掘り、田舎者を表わし、「タンボリ」「タンブリ」は、田圃掘りのことである。「イモウオ」は、北陸、中部地方などの方言で「痘痕」のことを「イモ」といい、イワナの体の表面にある斑点を痘痕に譬えて、こう呼んだものと思える。

ヤマメは、イワナ同様に鱗は細かいが、体側に十個ほど小判形の黒い斑紋が鮮明に浮き出ていて、背部と腹部に近い体側部分には、円形をした大小の黒い斑点が散在しているのが特徴である。

学問的に調べてみると、ヤマメはサクラマスの陸封魚で、その棲息地域は、北海道、本州の日本海側、および箱根以北の太平洋に注ぐ河川、九州などと、広い地域に分布している渓流魚である。

ヤマメは、「山魚」を意味し、「メ」は魚の総称で、「山女」「独身女」と解釈されて、清楚な魚体で美味であることを表現しているが、北海道、東北地方では「ヤマベ」、青森で「スギノコ」、長野「シマメ」山陰地方は「ヒラメ」、九州「マダラ、エノハ」などと呼ばれている。「ヤマベ」の「ベ」は、「メ」の転訛語であり、「シマメ」は、「縞魚」の意味で、「ヒラメ」は、山陰地方などの方言によると、山の側面を「ヒラ」と呼んでいるところから、谷に棲む魚「メ」を意味し、「マダラ」は、体の表面にある斑紋や縞模様から「斑」を表わすものと思われる。

アマゴは、ヤマメと等しい小判形の斑紋が体側に並んでいるが、その間にヤマメにはない朱赤色の小斑点が散在している。ビワマスの河川陸封型で、ビワマスの近縁種といわれ、箱根以西の本州の太平洋側、九州の瀬戸内海側、四国などの地域に分布している。

アマゴは、「天魚」「甘子」とも書かれているが、近畿地方では、「アメゴ」と呼ぶ所もある。また、九州では「エノハ」、四国山間部では、「アメノウオ」と呼ばれるなど、棲息地によって、それぞれ親しみをもって名づけられている例が多くみられる。

ヤマメ、アマゴは、イワナ同様に冷水域を好むが、イワナ常棲流域よりも下流を主な棲息場所にしている。しかし、ヤマメ、アマゴともに、姿の美しさ味覚のよさは、川魚の中で右に出るものがないとまでいわれている。そして、神経質で敏捷な動きと警戒心が強い性質であるために、高度の釣り技を要することから、幻の魚と称されて、釣人にとって憧れの魚である。

黄金の味覚

静岡県大井川上流にある田代では、ヤマメを神饌として用いる儀式がある。釣る日は八月二十日と決められていて、祭典の日に炊いた粟粥を、ヤマメの口や腹に詰めて桶の中に漬け込み、神前に供え、大祭が終わる日にさげて、直会に食べるといった行事である。ヤマメの粟漬けは、信州諏訪神社から田代の諏訪神社に、分霊を賜わった時の献納が伝承したものと伝えられている。

美濃地方に、「五月アマゴで鮎かなわぬ」といった諺がある。京阪地方では、アマゴを珍料理として「アユに倍する黄金味」と好む美食家もいるほど、この季節のアマゴは、十分に餌を食っているから肉付きはよく、すこぶる美味である。

また、「アユの香気に対して、ヤマメは味をもって勝つ」ともいわれ、六、七寸のヤマメの腸を取り除いて串刺しにして焼き、醤油をつけて田楽の味噌をよく塗りつけ、味噌が乾いたところで柚子をあしらって食べると、格別の風味がある。

あるいは、酢に醤油、砂糖を混ぜて赤唐辛子を刻んで入れ、腸を除いてぶつ切りにしたヤマメを約半日浸しておくと、ほどよく味が滲みて骨も柔らかく、美味である。したがって、朝釣った魚をそうしておくと、昼飯時にはちょうど食べ頃になる。

その他に、刺身、姿ずし、甘露煮など、それぞれに趣はあるが、釣ったヤマメの鱗を落として腸を出し、水洗いしてから塩をふりかけて焼き、熱いうちに背と腹の間に軽く醤油をかけると、ほどよく身に滲みわたり、素朴な野生の味覚を味わうことができる。

ある年の夏の終わりに、木曾奈良井川の上流、権兵衛峠へ向かう山中に住むイワナ養殖研究者K氏の家で、イワナ、ヤマメ、ニジマスの塩焼きと甘露煮を食べくらべたことがある。甘露煮には、独特の料理方法で作ったものと、細君が話していたが、口の中に入れると、頭から骨までとろけてしまう柔らかさで、いずれが勝るとも決めがたい深みのある味であった。

塩焼きは、「川魚は皮ごと食べなくては本当の味がわからない」といいながら、K氏はそれぞれ同じ大きさの魚を選んで焼いた。

夏でも深山の冷水の中で育った魚の肉はよく緊まり、整った体型をしていた。特に、産卵期を控えた魚体は、充実した体調にあったから、味は最高の時季であった。

「イワナを食べ慣れた通人は、塩焼きにして頭から骨まで皮ごと食べる。頭や骨を残すのは、素人の食べ方」といわれているが、これはヤマメやアマゴなど川魚一般についていえる。

イワナは、渓流の源流近く、高地の冷水域で孤高を保って生きていかなければならないという、厳しい自然環境に耐えられる体皮にできているためか、さすがに厚い皮で口当たりが硬かった。ニジマスは、柔らかい体皮ながら、味はイワナにかなわなかった。ヤマメの皮は、程よい歯ごたえで、脂がのった肉はこくがあって、もっとも美味であった。
姿美しく味もよし、渓流の妖精とは、ヤマメのことであるかもしれないと思った。

野生の生命

イワナ、ヤマメが蟻、蝶類、毛虫、バッタなどの昆虫類を好んで食うことは知られているが、なかには熊蜂が腹の中から出てきた例もある。あるいは、蛇と争って蛇を水中へ引きずり込んで食うことや、蛇に呑まれた話もあり、悪食というか獰猛性があることも知られている。したがって、釣る時に用いる毛鉤は、もっとも活動期にある季節の昆虫の色彩に合わせるほか、釣った魚の腹をさき、なにを食っているかを調べて、餌を決める心掛けも必要である。時には、腹の中から砂が出てくることもある。

洪水になる前に釣ったアユを腸ごと食べようとすると、砂を噛んでいやな思いをすることがある。増水することを予知したアユは、砂を食って体重を増し、流されまいとする本能が働くからであるといわれているが、イワナ、ヤマメにも同じ行為を示す例がある。

長野地方の山峡に住む釣師は、釣った魚の腹の中から砂を糸で絡めた川虫（砂粒で巣を作るトビケラの類）が出てくると、近日中に雨になることを予測するという。天候の変化をいち早く感知した山の魚は、川虫を砂ごと食べて重みをつけ、増水に流されまいとするからであろうといわれている。

その他に、イワナの異常生態として、大地震の発生を予知し、常棲場所から出て逃避した異常移動、平常いない場所に姿を現した例などがある。

陽光といい恵み多き隆雨といい、万物に対して平等に慈悲深い自然は、時として厳しい試練を与えるものである。そうした自然の中で生き延びる知恵として、あるいは超能力として神が授けたものか、人間には感じえない自然変化の先行現象を感知することができる、野生の生命力が具わった渓流の妖精たちは、人類同様、豊かな自然界を形成する一員であり、人間は、その資源の存続を忘れてはならない。

ともあれ、釣り竿一本携えて独り深山に分け入り、行き着いた幽谷の川辺で、釣った魚を焼きながら、朝には薄紫色に立ち込める靄を、夕べに月光を浴びた渓流を眺めてすごす時、慈愛に満ちた自然の中にある生命を、じみじみと感じるものである。

岩　魚（木曾楢川村にて）

昭和五十一年の夏、中央本線塩尻から中山道沿いの木曾谷を名古屋方面へ向かう電車に、小継ぎ二間半の釣竿と仕掛けをサブザックに入れて乗った僕は、信濃川の源流奈良井川を右に左に眺めていた。

贄川の次は木曽平沢で、次の駅が奈良井である。

木曾路最初の宿場贄川には、贄川関所跡がある。建武二年（一三二五）に木曾義仲の讃岐守家村が開設して、四男贄川四郎家光が警護に当たった。江戸時代に移ってからは山村家が守り、婦女子の通行や木曾五木（ヒノキ、サワラ、ネズコ、コウヤマキ、アスナロ）の白木を搬出するのを取締り、材木奉行の刻印がないと通さなかったと伝えられている。明治二年に至って閉鎖された。

奈良井義高が奈良井城を構えたことがある奈良井宿は、木曾十一番目の宿場であった。江戸時代、奈良井千軒といわれたほどの賑わいがあった宿場だった。鳥居峠を控えて泊まり客も多く、また、元禄九年（一六九六）開通した権兵衛峠を経て、伊那へ通じる道筋にあったから、なお更であった。隣村の木曾平沢の漆器と共に、漆器、曲げ物の産地だが、なかでも奈良井の塗り櫛は美麗な蒔絵が施してあって、木曽路を歩いた旅人が土産物として買い求め、各地に広まり、名産品として広く知られるようになった

贄川と奈良井の間にある平沢は、まさに漆器の町といった情景だった。駅を出て旧中山道に出ると、両側の店すべてが漆器の店といった町並みである。座卓や、すし、そばの器、花台、食卓、お膳など、古い伝承技法を伝えた趣を、それぞれに感じさせる店の雰囲気だった。漆は、近年国産が少なく、中国産が大半を占めているということだが、楢川村役場の近くにある木曾漆器館は、漆器の伝承をかいま見る思いがある。

楢川村平沢に住んでいる、木曾漆器工業協同組合参事の伊藤さんの案内で、岩魚養殖研究を続けている香山さんを訪れることにしていた。

平沢から奈良井宿を通り、枥窪で中山道と別れて権兵衛峠へ向かう山道へ入った。道幅四米程の道路は、舗装されていない。右手に奈良井川の支流を眺めながら、左手に急傾斜に聳

える山裾を、伊藤さんの車は山の中へと入って行く。すれ違う車は一台もなく、路線バスは一日に一本、これから訪れる香山さんの岩魚などの養殖場がある鍋掛まで通っているだけで、ほかには交通機関はない。

砂防堰堤の下流の広くなった河原で、釣りをしている人がいた。竿を振るたびに日の光に釣糸がきらっと光っている。釣り方から察して、てんから釣りである。

車を運転しながら伊藤さんは、

「馬糸を使うとよく飛ぶんです。毛鉤は自分で巻くんですがね」

馬糸の先端一米位、水中に入る部分には〇・八から〇・六号のテグスを用いて、その先端に毛鉤を付ける仕掛けだと、説明してくれた。

餌釣りには八月頃まで動物質のみみずや川虫、ブドウ虫の類が食いがよいのだが、九月に入ると毛鉤の方がよい。それも黒っぽい方が効果があるという。

岩魚がもっとも釣れるのは、春である。冬期に餌がない期間がすぎ、川岸の虫や川虫が動きはじめる頃で、それまで欠乏していた餌にありつける空腹から貪食になるからだ。大物は、二米位の深場でないと釣れないが、十月頃まで釣れる。

そのほかに、この地独特の捕り方があるという。「うろづかみ」という方法である。夏には水温が上昇するため、冷水好みの岩魚は、清水が流れ込む場所を求めて、岩の下奥深くひそんでしまう習性がある。九月に入ると、そうした岩魚を捕る方法として、裸になって川に入り、肩まで水に浸って岩の下へ手を入れて素手で岩魚を掴むのである。その時尾に触れないように細心の注意を払って、腹の部分へ手を入れるのがコツである。腹部は鈍感らしく触れてもじっとしているという。その頃の岩魚は、すでに産卵準備に入っているからでもあるが、夏に岩魚が釣れなくなるのは、そういった場所へ入り込んでいるためであると、伊藤さんは話していた。

堰堤をすぎて再び渓流沿いになった。雑木林や檜林に囲まれた流域の両側は明るく、足場もよい。林の梢間から射し込んでくる日の光は、きらきらと光の玉を落としているようだ。流れを右手に見ながら橋を渡り、しばらく行くと、再び橋があって、川はまた右手になった。道路脇の林と河原の間は平地で明るく、河原は夏の日が眩いばかりに降り注いでいた。

中山道から岐かれて、権兵衛峠へ向かうこと三十分、羽淵で林道といった情景の中から、四、五米幅の道路に出た。国道三六一号線である。東北の方角へ伸びる道を行くと、権兵衛峠を経て伊那市へと通じている。

権兵衛峠は、元禄九年（一六九六）に完成した道である。当時宮ノ越神谷に住んでいた牛方の親方古畑権兵衛が、不便さを解消するため木曾代官と高遠藩主に許可を得て、木曾谷伊那谷の村人を指揮して、二年がかりで開通した、二十四粁の道である。

それまでは、中山道の主要な宿場だった木曽は山林地帯で米ができない。米を産出する伊那谷から運んでいた。しかし、権兵衛峠が開通するまでは、姥神峠・鍋掛峠（権兵衛峠が開通するまでこう呼んでいた）は、牛馬すら通れない程の難所だった。そのため、米を運ぶには塩尻峠を越えて楢川村桜沢へ運び、鳥居峠を経て木曽に運ぶほか安全な方法はなかった。

それも姥神峠から鍋掛峠を牛馬でも安心して通行できる道を作ったのである。それ以来、木曽宮ノ越から伊那坂下村へ通じる鍋掛峠を権兵衛峠と呼ぶようになったのだ。峠の標高一五二二米である。

およそ二十分程で、番所跡に到着した。バスはここが終点で、道路右脇のバス停どなりに、直径十米程の池があった。道路の左手の高台になった場所に、昔番所があったと伝えられているが、そのすぐ上が長野県木曽楢川村奈良井の香山さんの「民宿なべかけ」兼養魚場だった。民宿は、平屋建ての母屋と養魚場から東側にやや離れた庭にあるが、まだ建築してまもないといった感じの、トタン屋根平屋三十坪程の建物である。そして、母屋の下には、木曽の農村独特の石を屋根に置いた板葺き屋根の物置小屋が残っていて、北側に薪が庇の高さまで積んである。歴史を感じさせるただずまいを見せていた。

物置小屋の南側一間下の道路脇には、六十糎幅程の側溝があって、澄んだ水が流れている。道路は権兵衛峠へと通じ、その向こう側を心地よい音を立てて流れる奈良井川の支流がある。平地状の河原の所々には雑草が生えて下流へと続き、対岸は切り立つ雑木林の山裾が際立っているが、釣場としては安心して行動できる状態だった。

香山さんは、奥さんと二人暮らしである。定年近くまで小学校の校長をしていたのだが、若い頃から魚が好きで、特に神秘的な山峡の渓谷にひっそり棲んでいる岩魚の養殖に専念したい気持ちが強く、定年を待たずに教員生活を辞めて山に入り、今の養魚場を開設した。奥さんも同じく教員をしていたのだが、香山さんと一緒に退職して、二人の生活が始まったのである。

「川の魚が好きなんですよ」

香山さんは微笑しながら、さりげなくいっていたが、かっては三尺もある大岩魚がいた生まれ故郷の川から、次第に岩魚の姿が失われていく趨勢を憂い、腹が白い特徴のこの川の種族保存が出来ないだろうかと、切羽詰まった思いが高じたのと、体力の限界が見えてきて、川魚を愛する心がそうさせたのである。

母屋の裏に見える池は三か所、南面のゆるやかな傾斜地を上手に利用した段差を付けて設けられていた。

池の大きさは、それぞれ二十坪から二十五坪程度で、上段に一年ものの若い虹鱒が入っていて、次の段の池には三十糎から四十糎の大型の虹鱒が群れている。下段は二十五、六糎位の山女魚と岩魚が泳いでいた。

池の水源は上流の川から引水し、最上段の池に太さ二十糎程のパイプから流れ込んでいる。中段から下段へと流れる水は、道路脇の側溝へと落ちていた。

鱒は八十％の孵化率で、成長するのも早いから、余程のハプニングがない限り計画どおり出荷できる。しかし、山女魚の孵化養殖はまだかなり困難な段階で、岩魚はそれ以上に厳しい状態であるが飼育には経費がかかるし、日常の生活も維持していかなくてはならないなどの諸条件を考えると、苦労が多い、と香山さんは話していた。そうした費用は、確実に養殖できる鱒を育てて売り、収入をえて賄っているという。

岩魚・山女魚の孵化研究は、赤字を覚悟だといいながらも、淡々と説明してくれた香山さんの笑顔には、目の色がいきいきと輝き、自然との隔たりがない人生を映じているようだった。

後日、香山夫妻をモデルとした小説「幻魚」と題して、単行本『岩魚の渓谷』に収録した。

山女（山女魚）

『日本魚類大図鑑』（東海大学出版社）によると、アマゴの生息分布は、神奈川県酒匂川以西の本州太平洋側、四国全域、大分県大野川以北の九州瀬戸内海側の各河川及び沿岸とある。一方ヤマメは、九州は熊本県以北の東シナ海側と大分県番匠川以南の太平洋側、本州は日本海側全域と神奈川県酒匂川以北の太平洋側、北海道全域（以下省略）と区分してある。

一方、箱根町教育研究会発行『はこね』によると、早川、須雲川の上流の清流には、ヤマメが住むと紹介し、同様に箱根を紹介している神奈川新聞社刊『箱根』には、「元禄年間に長崎から江戸へ向かったオランダの行列と共に、箱根越えしたドイツ人の自然科学者ケンペルによると、芦ノ湖に一種のマスがいる」と紀行文に著していると、書いている。

もしそれが琵琶湖を中心とした滋賀県の河川に生息しているビワマスだとすると、体側に朱点を有するアマゴ（ビワマス）であるから、ビワマス（アマゴ）の分布は、箱根が東限になるのが正しいことになる。ビワマスの河川型はアマゴだから、早川でヤマメというのはアマゴが正しいことになる。あるいは、芦ノ湖の天然マスがサクラマスだとしたら、箱根はその南限で、河川へ入ったものはヤマメということになり、ヤマメの西限は箱根を基点とした早川ということになると、いずれとも結論づけしていない。

以上の説は、雑魚の育成放流が行われるようになった以後の昨今に至っては、ヤマメアマゴの生息分布は明確に区別し難く、証拠となる魚種は混生した状態にあるから手に入らず、地域を仕切ることも不可能だと思う。

しかしながら、関東大震災以前の早川の記録には、宮城野から上流の仙石原付近はヤマメ釣場だったし、職業漁師（二名いたという説がある）の漁場になっていたといわれ、須雲川では少なくとも川の漁師一名がいたことが記録に残っている。

大正十二年の関東大震災によって、酒匂川上流の山間部、西丹沢の渓流は土砂で川床が埋まり、流れを失なっている。丹沢山系の各河川のヤマメイワナは、川によっては残存した所もあったが、殆どが絶滅したといわれている。

箱根も被害を受けたが、丹沢に比べて割合被害が軽く、早川、須雲川のヤマメは絶滅を免れた。
昭和四十二年になって、神奈川淡水魚増殖場で種苗生産がはじまり、昭和四十五年から昭和四十六年には、相模川支流や早戸川支流、道志川支流にヤマメを試験放流した。同じ頃、早川支流の須雲川にアマゴを試験放流している。昭和四十八年頃になって、河川放流が行われてから丹沢にアマゴの姿を見るように回復したのである。

早川の上流にはヤマメがいる、と地元の人からきいていたのは、それ以前の話である。早川の上流といっても、水源といわれている芦ノ湖、仙石原よりも下流地域のことで、私はヤマメ釣りに入ったことがない。しかし、まだ河川放流がなかった頃の四月に、仙石、宮城野区域のマス解禁日に、イクラを餌にしていたところ、小塚山裾の付近でヤマメが釣れたことが、二、三度あった。

昭和二十四、五年頃、宮の下の東京電力宮の下営業所近くに住んでいた友人の小磯君は、底倉、木賀周辺で形いいヤマメが釣れると話していた。

彼の父親は、東京電力に勤務していたが、永年狩猟、川釣りに余暇を楽しんでいた。小磯君自身同じ趣味を持っていたから、ヤマメとアマゴの見分けは心得ていた筈だ。

小磯君がヤマメを釣った話は、信じられる情報として私は受けとめていた。

ほぼ同じ頃に、須雲川にもヤマメがいると話にきいていた。しかし、私は釣ったヤマメを見ていない。地元の釣人の話だが、私とは深いつき合いがあるわけではないから、その話については自信がなかった

須雲川は、早川と同様に箱根の山塊の中を流れる長さ約二十一粁、箱根湯本温泉場の弥栄橋下流で早川と合流している。

水源は、箱根外輪山系の標高千米の大観山、白銀山の椿沢、天狗沢等の沢からの清水と、内輪山系の標高およそ千米級の双子山、屏風山、浅間山などからの沢の水が集まった谷川である。双子山屏風山の山麓の源流には、天然記念物ハコネサンショウウオの生息域もある。

天然ヤマメは年々数が減っていると噂にきいていたが、私が須雲川にはじめてヤマメ釣りに入ったのは、昭和三十年三月初旬だった。ヤマメに限らず川魚の食いがよい時間帯は、早朝か夕暮れ時のまずめどきといわれていた。

昼食後、母には湯本へ釣りに行ってくると伝えて、箱根板橋駅から登山電車に乗って湯本で下車。駅前の商店街を通って温泉場へと、湯本橋を渡る。下を流れているのは、早川である。橋を渡って丁字路を左へ向うと、弥栄橋がある。橋の下は須雲川が流れていて、すぐ下

の堰堤から五十米位下流で早川と合流している。

弥栄橋を渡って須雲川沿いの滝通りを、およそ二十分行くと鮎見橋になる。さらに片倉橋を経て、急坂を左手へと登り切ると、旧東海道に出る。対岸は湯坂山、浅間山、鷹巣山と東から西へ続き、いわゆる湯坂道で芦の湯へと通じる鎌倉古道である。

山肌一帯芽吹いた木々の新緑を眺めながら、旧東海道を箱根方面へ進んでしばらく行くと、前方右手の林の間に、高さ二十米もあろうかと見える高い堰堤があった。ヤマメがいると伝えきいているのは、その堰堤より上流である。堰堤をすぎてから十分ほど行った所に、川へ降りられる細い道がついていた。川幅は五米、釣人の姿はなかった。

日は西に傾いて、日差しは弱まってきていた。

河原は、岩のような石が多く、その間を川が流れているといった状態だった。

餌はイクラ、ミミズを用意していたが、念のため川虫を捕った。釣竿は先調子の四、五米、道糸はナイロン〇・八号で〇・六号の先糸にハリス〇・三号、目印に水鳥の胸毛の小蝶型を付けて、ガン玉錘、鉤は袖型六号といった仕掛けだった。

最初にミミズを使ってみた。ミミズのはち巻きの個所から縫い刺しにして、瀬脇へ振り込んだ。

当たりはなかった。二度、三度と試みたが反応はない。

上流は棚状に岩が並んでいて、川幅は狭くなり、石の間を流れて落ちる下に白泡が立っている。移動して下手から棚へ振り込んだ。餌が川底に沈まないうちに目印が動いた。

一瞬合わせる間が遅れた。

翡翠《かわせみ》が川下へ飛んで行ったかと思うと、川上へと飛んで行く。

杉林が続く川上に、旧東海道が見えていた。林の外れには左手から細流が流れ込んで、瀬の裾へと入っている。川底は見えているが、魚影はなかった。

瀬の下手から餌を落としてさぐってみた。裾へ動く餌が見えているが、魚の姿はない。竿を引いて餌を引き上げようとした時、石の下から魚影が生じて餌を追った。

「いる!」

と胸の裡が緊張して、同じ個所へ二度、三度と振り込んだ。しかし、用心したのかそれっきり魚の姿は認められなかった。

上流へ行くと、左岸上に民家の裏手が見えた。須雲川集落だろう。流れは民家の護岸石垣沿いに流れている。家がある近くには魚はいないだろうと思い込んで、通過しようとしたが、近寄ってみると、石垣の下は川底が見えない深場になっていた。

念のためと軽く考えて岩陰に体をかくすようにして、深場の上手へ餌を落としてみた。

すると、中程まできて目印が上流へ引かれた。すかさず合わせると、今度は手応えがあった。十五糎くらいの大きさだった。背中が青みがかり、頭のつけ根から尾にかけての体側に、八個の薄紫色した小判形斑紋が浮き出ている。大小の円型をした小黒点も腹部にかけて散在している。ヤマメである。

それから須雲橋が見える間に、もう一尾釣れた。形は同程度でいずれもヤマメだった。橋の手前になると川床が高くなっていた。足場は岩のような石が連なって、頗る悪く、竿を出すには不向きだった。

橋の上流は釣れそうな渓相をしていたが、それ以上上流に行くと、旧東海道箱根へかかる最後の集落、箱根細工の畑宿になる。須雲橋から一・七粁だが、途中に畑宿発電所がある。畑宿までがヤマメが釣れる場所と、地元の釣人は話していた。

それより溯ると、双子山、文庫山の山裾になって、極端に足場が悪くなる。おそらくヤマメは生息していると考えられるが、私はその後も入ったことはない。

源流近いその辺りは、私が小学校三年生の頃、病いに伏していた姉のために、父はサンショウウオをひそかに捕ってきて乾燥させ、粉末にして姉に飲ませて体力を付けようとしていた記憶の場所だった。姉は結局一年ほど寝たり起きたりしてすごしていたが、幼くしてこの世を去って行った。それ以来、双子山裾と耳にする度に、父と姉のことがいまも思い出されてならなかった。

すでに日暮れてきていた。これ以上溯ってみる気はなかった私は、釣ったヤマメを放した。橋の下の河原で糸を巻きとり、竿をたたんでいると、

「釣れたかね？」

橋の上から声がした。

見上げると、バイクに乗った中年の男が欄干から上半身のり出して覗き込んでいる。

「たいしたことはありませんね」

答えると、

「形を見ればいい方ですよ。年々天然ものは少なくなってるんです」

笑っている。

地元の釣人らしい雰囲気を感じながら川から上がると、橋のたもとの民家の明かりが目に入った。

国道一号線よりも箱根芦ノ湖方面へ行くには近道の旧東海道は、それほど道路が混まずに早く行かれる。世の中が落ち着くとともに人の訪れも多くなって、静かに釣っていることも出来なくなってきたと、うす暗くなった須雲川を眺めながら、釣人らしき人は呟くように話

していた。

同じ年の秋、坊所川へ釣りに行ったことがある。

坊所川は、箱根外輪山の一つ明星ヶ岳の南面山裾と、塔ノ峯の北側山裾の谷間を流れ、上流にあるウナギ沢、玄骨沢、実窪沢、冷水沢といった、いくつかの沢水を水源とした渓流である。下流の向田橋近くにきて久野川と合流。さらに下流小田原市内井細田付近から、山王川と呼称が変り、相模湾へ入る。

河口は、酒匂川河口より西へおよそ八粁ほど離れて位置している。全長約九粁の小河川ながら、北条氏が小田原城の防備のために蓮池として利用した川でもある。

私が小学生の頃には、秋になると父と兄と三人で、背負籠を背にして山栗や初茸、ネズミ茸採りに、坊所川から伊張山、塔ノ峯まで出掛けた。

伊張山は威張山とも書き、北条氏は小田原城守備範囲に明星ヶ岳を頂点として久野山の稜線を中心とした山岳戦の拠点ともした地域で、いわゆる北条忍者兵団、亥切衆の拠点だったとも伝えられ、武技を鍛錬する、天狗の相撲場も、この付近にあった要所である。

小田原の板橋の家から水之尾、伊張山までは登り坂で、およそ一時間半の道程だった。

伊張山のかかる前の道脇には、約九十糎幅位の小川が流れていて、いつもそこで一休みして流れに手拭を浸して首筋や額の汗を拭いて顔を洗っていた。

道はそこで二つに岐れていて、左へ行くと再び登り坂にかかり、塔ノ峯山頂へと行く。右へ行くと下り坂になって、伊張山を経て坊所川へ出る道を、父はよく知っていた。

伊張山の雑木林、杉林の中の山道を歩きはじめて約二十分。ゆるやかな下り坂が終る頃、川の音がきこえてくる。

坊所川である。川幅七、八米に架かった土橋を渡って川へ降りてみた。橋の先の坂を登りつめた所には、小田原と箱根宮城野を結ぶ久野林道があると、父は話していた。

頭上近くまで張り出した木の枝の間から川の中を覗き込んでいた父が、

「ヤマメだ！」

岩陰の澄んだ川面を指さした。

五、六糎の小魚の群れが中層を泳いでいるのが見えた。

三人はズボンの裾をめくり上げて川に入り、二股に岐れた一方の流れを塞き止めようとした。周囲の石を並べ土砂を入れたが、水深がある上に意外に強い流れで次々と流され、完全に流れを止められずに終った。

水が減った岩陰の水たまりには、小魚が泳いでいるが、素手では捕れない。諦めて眺めていると、胴回り十糎ほどもあるウナギが、岩の間から姿を見せた。

「ウナギだ」

兄が手づかみしようとしたが、再び岩の間へもぐり込んでしまった。

「ウナギ沢があるくらいだから、いても不思議はないな」

父が細流の一つにウナギ沢と呼んでいるのがあると、いっていた。

山栗は背負籠に一杯になるほど取れて、橋の上に戻っていがをむいた。実った山栗は茹でると、ほくほくしていて旨かった。


子供の頃、父たちと行った時に見た小魚を、ヤマメだといっていた父の話を、泳ぐ姿体を間近かに見た記憶に残る体色から察して、私もヤマメだろうと思っていた。

午後家を出た私は、木の葉が色付きはじめた古稀庵坂を登って、御鐘《おかね》の台から水之尾へ向かった。

水之尾の集落をすぎると、なだらかな形をした伊張山が見えてきた。二股に岐れる道の脇に小川もあった。登り坂に汗をかき、顔を洗うとすっきりした気分になった。

坊所川は、左へ下った林の狭間を流れていた記憶を蘇らせながら、伊張山に入ってしばらく行くと、川の音がきこえてきた。

足速やにゆるやかな下だり坂を行くと、坊所川が見えた。小田原と箱根宮城野を結ぶ久野林道へ抜ける手前の橋も、子供の頃にきた時の状態と少しも変化していない、枯れた落葉が積もっている。

川面へ張り出した、黄色く色付いた紅葉の枝葉の間に見える水量だけが少なく思えた。子供の頃に見た坊所川は、豊かな水量を湛えた淵や、恐ろしささえ覚えた急流があった。それは大人になって見た感覚との相違かと考えながら橋を渡り、林道へ出てから十分近く下流へ行ってから川へ降りた。

三・六米の竿を伸ばし、竿尻から九十糎短くした仕掛けを蛇口に結んだ。

イクラを鉤に付けて、上流の深場へ向かって振り込んだ。二、三度さぐりを入れ、餌をミミズに代えてみたが、当たりがなかった。

竿先を、頭上を覆う木の枝に気を配り、落ち込み、流れ出し、瀬脇、岩下の澱みへとさぐりながら川岸を遡っていった。

時折、前方の水中に沈んだ落ち葉の陰から、十糎にも満たない小魚が飛び出して行く。魚はいる、きっと食うに違いないと期待しつつも、重なり合うような岩場、砂地の川岸もある坊所川を遡ることおよそ三十分。その間には、全く当りがなかった。

間もなく渡った橋が見えてくる頃だと考えていると、前方に橋が見えてきた。付近の川の様子は、父や兄ときた頃の記憶にある情景そっくりに思えた。小魚が群れていた岩下の澱みも、同じように見えた。

手前の岩陰に身を潜め、澱みに餌を落としてみた。水面は見えていたが目印を見詰めていると、裾近くで動きが生じた。

合わせると、十二糎ほどの魚が掛かった。

掌の中に掴んだのはヤマメだった。父や兄と見た時の小魚を、父は即座にヤマメといっていたとおり、青黒っぽい背の色と、腹へかけて銀色に光る体側に規則正しく並んだ小判形斑点を有する、まさしくヤマメであった。

鱒（ニジマス）

昭和四十一年頃、横浜の会社に勤務していた私は、三月に入って何年かぶりに会社を一週間ほど休んでしまった。悪い風邪が流行っているから注意しなくてはと、承知していたのだが、人事異動や新規採用者の配属先決定など、新年度にむけての事務繁多についい無理してしまったからだろう。

前の週に二日休んでよくなったと思えたのは、一時的に病状が落ち着いただけにすぎなかったようだ。

しかし考えてみれば、通勤一時間の電車の中では、形が異なる風邪ビールスがこもっているようなものだから、今の風邪が治ったと思っていても、別なタイプの風邪なのかもしれなかった。

家内にいわせると、仕事ばかり考えているから気持の中にゆとりがないので、そうなるのだろうというのだが、仕事は家族を扶養する収入を得ているのだから、多少の無理を承知で出勤するの当然だろうと考えていた。

それはそれとして、たしかに家内がいうように、仕事ばかりに日常の時間を傾注していたことには間違いなかった。少しは自分の時間を作って、家族サービスもしなくてはと考えてはいたのだが、それをストレス解消策にしてみたら効果的ではなかろうかと思い付いたのは、三十九度近い発熱に体の節々はだるくて痛み、横になっても起きていてもどうにも身の置きどころがない状態にあえぎ、鼻が詰まって口で呼吸している症状が続いて、苦しんでいた時である。

ぼんやりしていると、

「いるの?」

廊下の方で、女の人の声がした。

息子が、

「はーい」

家内の声をまねてすっとんで行った。

「風邪ですって」

となりの細君が、廊下の方から部屋の中を覗いている。

「ええ、もう四日も休んでるのよ」

家内の声がした。

「いけないわね。今の風邪は長いのよ」

細君の気の毒そうな声がきこえた。

「医者にかかっていて薬を飲んでいても、少しもよくならないんです。それどころか、熱は出るし体は痛くなるし」

不体裁な顔を上げて答えると、

「いい薬あげましょうか」

意味有りげな笑みを浮かべながらいった。

「お願いします」

家内が頼んだ。

どんなに飲みにくい薬であろうとも、喉から下へ落としてしまえばすむことだ。それに、若い頃入院生活をしていた間、一日四回服薬していたこともあるので、飲み薬には抵抗を覚えていない。

「いま持ってきてあげるわね」

親切にも細君は、ひいらぎ南天の垣根の間を分けて、家へ戻って行った。

「どんな薬なのかしら」

家内が、細君の姿を見送りながら呟いた。

実は、風邪を早く治したいのには理由があった。

毎年三月に入ると、下流の早川地区から毎週日曜日ごとに上流へと、マスの解禁がはじまり、第二週目の日曜日は、箱根湯本地区で解禁になる。四月第一週の日曜日が、宮城野地区で、その年のマス釣り大会が終わる、恒例行事があった。

なかでもよく釣れる地区は、湯本と宮城の地区と定評があるが、宮城野へ行くのはバスに乗って小田原から四十分ほどかかる、あるいは、登山電車に乗って小田原から五十分の強羅まで行って、強羅から急坂を下だって行くかだが、いずれにしても早朝家を出発しなくてはならなかった。その点、湯本地区は、小田原駅から登山電車で行っても、小田原駅前からバスに乗っても、二十分ほどで湯本に到着する。足の便が頗るよい。釣場も近い。

湯本地区の解禁には、昨年も一昨年も予定していたのだが、仕事の都合などが重なって果たせなかった。今年こそはと、心待ちしていたからである。

マス釣り大会といっても、釣る魚種はニジマスである。『日本産魚類大図鑑』（東海大学出版局）によると、日本各地にいるニジマスの原産地はアラスカからロッキー山脈を経てメキシコ北西部で、日本には明治十年（一八七七）以降移入され、人工ふ化が容易で高水温にも強く、サケ、マス類でもっとも多く養殖されている。一般食用に供されるほかに、放流釣場(渓流を利用した釣り堀）の主力魚種となっている。味はほかのサケ科の魚類程よくない。と記している。特徴としては、魚の体側に紅紫色の紅色が帯状に浮きでているところから、レインボウ・トラウトともいわれ、日本で直訳してニジマスという呼称がついたといわれている。養殖魚は一年で二十糎、二年で三十五糎、三年で四十五糎、一疋の大きさになるといわれているが、一般的に釣り大会用に放流される大きさは、二十糎前後が多く、中には四十糎ほどの大型も交じるが、私は一度狩川で釣ったことがある位で、そう簡単には釣れず、運よく竿を入れた場所に放してあれば釣れる可能性がある、といったところであろう。

再び姿を見せた細君は、

「これを実母散と一緒に、熱いうちに飲んでごらんなさい。主人もいろいろと薬局から風邪薬を買ってきて飲んでも利き目がないらしいのね。そのうち「おい、あれくれよ」というんです」

笑いながら説明している。

「有難うございます」

家内が礼を述べて、部屋を入ってきた。

「六神丸と実母散ですって、とても利くらしい」

意外そうに伝えた。

「男が実母散を飲むことはないだろう」

おかしかった。まるっきり効能はちがうはずだった。

「とにかく利けばいいんでしょう」

いいながら、家内は台所へ入っていった。

しばらくすると、ほうじ茶を煎じているような匂いが漂ってきた。

やがて、湯気が立つ実母散を湯のみに入れて、枕元へ持ってきてくれた。

「げんのしょうこのような匂いがするね」

少年の頃、腹痛や下痢をした時、農家育ちの祖母が必ずといっていいほど煎じてくれた、げんのしょうこの味にも似ていた。

とにかく飲んで早く治さなくてはと考えていた。そして、風邪に直接利く薬はないから、体を暖めて休むことが唯一の療法だと、知り合いの看護婦から日頃いわれていたので、眠ることに専念した。

うとうとしていて気が付くと暑かった。胸を中心に汗をかいていた。背中や節々の痛みも、僅かながらうすらいだと自覚出来る。やはり細君が持ってきてくれたオリジナル風邪薬の効果があったのだろうと、若い頃美人歌手に似た顔立ちを思い浮かべて感謝していた。

トイレに立って戻ろうとすると、

「汗かいているの？」

家内が気付いた。

「結核が再発したのかしら」

と気遣った。

「熱が引かないからそうかなと思ったが、そうではないようだ」

結核は夕方になると、必ずといっていいほど微熱が出て続くが、そういう状態ではなかった。

「それにかなり楽になったから、きっと実母散が利いたのだろう」

着替えの下着を出している家内に答えて、再び横になっているうちに、また眠ってしまった。

気付いた時には、額の汗が水滴となっているのを、家内が冷えたタオルで拭いてくれていた。体中から汗が滲み出るようだった。

「これくらい汗をかけば、きっと楽になるわよ」

力付けてくれた。

解禁は三日後である。なんとかそれまでに回復したい。病いは気からとも譬えもあるから、風邪を引いていると思い込んで気持に張りを失なっているからだ。気持をひき立たせるためにも、どうしても行きたいと考えていた。

翌日の朝になると熱は下がり、気分もよくなって食欲もでた。月曜日から休んで今日は金曜日だから、五日間休むことになる。明日は土曜日で半日勤務である。会社へ出て仕事をしている時間よりも、往復の通勤時間二時間の方が長いようなものだ。ついでに休むことにした。

午後、買物に町へ出るという家内に、マグロの切身を買ってきてくれるように頼んだ。

「風邪は大丈夫なんですか」

不安げだったが、刺身でわさびを付けて食った方がよさそうな赤身を買ってきてくれた。

完治したとはいいがたい後めたさが、時折ぶり返す寒けとともに意識していたが、この機を逸しては次の機会はいつになるのか保障しがたい意欲が強かった。それに、もう一日体を休めるゆとりの時間もあった。

ニジマス釣りの餌は、イクラ、エビズル虫、イタドリ虫、きじ、サナギ、マグロ赤身、卵焼きといった多種にわたり食うのだが、私は、イクラ、マグロ赤身、ブドウ虫のほかにバクダンと名付けたオリジナルな餌を作る。カステラと卵の黄身をねり合わせた、いわばねり餌だが、鉤に付けてもたやすく落ちない硬さにねり上げることが肝要で、カステラはＢ社のものがもっとも適している。大きさは五粍程度で、大きくても小さくても食いの効率が異なるから、前日に時間をかけて作っておいた。

餌釣りの他にも毛鉤釣りもある。いわゆるフライキャスティングだが、解禁時の釣りは、竿を振り回すことが出来ない立ち込み釣りとなるから、竿を振っても他の釣人に影響ない状態の中での釣り方だから、毛鉤の効果は十分に発揮出来ない。

私は、渓流竿用四・五米の先調子の竿を、穂先と穂持の二本を取り除き、自分で替穂材料を買って、二本の代りに穂先のみを作って、穂持下に継ぐ。一本分竿は短くなるが、竿先が強くないと、左右一・五米間隔に並んで竿を出しているから、掛かった魚をためているゆとりがなく、また、ためていたのでは、互いに糸が絡む危険度が高い。掛かったら直ちに引き抜ける竿でなくては釣果も上がらない。従って道糸一・五ハリスも同様の太さを用い、鉤も丈夫なマス鉤を使用するといった仕掛けであり、食いが落ち着いた後に、ハリスを一号乃至《ないし》〇・八号に取り替える方法を取り入れていた。

日曜日、殆ど平熱に治まった。念のため厚着して早めに川へ着いた。

堰堤の下の河原には、すでに釣り仕度を整えた釣人が数人、たき火を囲んでいた。川岸にいる人数を見ても、以前ほど肩と肩がぶっかり合うほどの混み具合ではなさそうである。

仕掛けを竿先に結んで竿を持って川岸に立つと、セーターを着込んだ肌に浸みとおるような寒さを感じた。

風邪を引きかえしたのかと思い当る悪寒を、背中に感じたが、親指と人差し指の先端を切り取った手袋をはめて、解禁合図の花火があがるのを待っていた。

腕時計を見ると、開始二十分前だった。たき火を囲んでいた人達も、岸辺に立って竿を構えはじめた。

イクラを鉤に付けて、左手指先でつまんで待っているうちに、下手で花火が筒先から発射される音がきこえた。

一斉に振り込んだ。

「こつ、こつ」

掌に伝わる当りに、ぐいっと竿先をあおると、ぐりぐりっと強引な引きを感じた。竿を立てて、一気に手元へ引き上げた。

二十五糎ほどのニジマスが、必死にもがくのを左手で握り、鉤をはずして腰に下げた網フラシビクに入れた。

続いて振り込むと、待つ間もなくすぐにきた。

今度はかなりの大物の手応えだ。市販の渓流竿の竿先を強めに改良した丈夫な竿先が、曲線を画いて引き込まれた。ハリスは一・五号のナイロンテグスである。めったに切れる憂いはないが、左右に並んで釣っている釣人の間を、まっすぐ手前に引き寄せる以外に取り込めない。しかも、短時間が釣果の勝負とばかりに、荒っぽい釣り方をしている釣人ばかりだ。十尾ほど釣ったと思えた頃、不意に食いが止まった。あとは僅かな残りマスが、思い出したよう釣れるだけだった。

堰堤下の広い釣場から流れ出る川幅は、およそ五米の瀬となって、大きさ五、六十糎の石が下流へと並んでいる。表面は急流に見えるが、川底の石の陰になった個所は、水勢がゆるやかな筈である。

ニジマスが入っているかもしれない、と思い付いて見ると、釣人は入っていない。堰堤下から移動して、餌を流した。すると、魚影が浮いてきたかと見る間に、竿先が引き込まれた。

立て続けに釣れるニジマスは、三十糎近い大型ばかりで、ごぼうぬきするどころか、玉網に掬い込めず、川岸に引きずり上げて、足でおさえつけてから、網フラシビクに押し込んだ。八尾釣ったと思った後、全く食わなくなった。周囲を見回すと、一様に食いが止まっている。竿を片付けている釣人もいる。これからは、思い出したように釣れるだけで、釣果は期待できないと承知していたがなんとなく川から上がるふん切りがつかない。

しかし、久しぶりのニジマス釣りで、これだけの釣果を得たことでもある。満足しようと、未練が残る川を意識しながら竿をたたんだ。

ビニール袋に入れた網フラシビクは、ずっしりと重かった。帰りのバスの中は暖かく、結果がよかったせいか、体も暖かくなっている。

家へ着いて、縁側から声をかけると、

「どうでした？」

幼稚園の上着にアイロンをかけていた家内が、顔を上げた。

時計を見ると、十一時をすぎたばかりだ。

「まあまあといったところかな」

笑いながら答えて、リックサックの中からビクを取り出して見せた。

「すごいじゃあないの」

身をのり出してから、立ってきた。

台所の流しに取り出したニジマスを、息子が珍しそうに覗き込んで、小さな指でいじっている。

着替えてから一息入れていると、改めて胸の奥に満足感が湧いて、体内に活力が漲ってくるようであった。

家内が、熱いコーヒーをいれながら、

「風邪はどう？」

思い出したようにいった。

いわれて気付いてみると、風邪の病状はすっかり消えていた。

釣ったニジマスの料理には、フライやバター焼き、たまに塩焼きとして出す旅館ホテルもあるようだ。しかし、サケ科の中ではあまり美味ではないというのが、定説のようだし、池の中で過密状態で養殖されているので、各鰭が欠損している魚が外見上汚く見えるものもあるところから、「ぞうきんマス」と皮肉って呼ばれている例もあるようだ。

上州下仁田の方では大型のカワマスを筒切りにして甘みを付けて煮込んだ珍味があるようだし、飴だきにしてもよさそうだ。

わが家では、鱗を引いて内蔵を出し、塩びきして一夜置くと水分がかなり出て身がしまる。ニジマスを取り出して腹の中にも味噌を入れて味噌づけにすると、案外食べられた。また、バター焼きして焼きたてをポン酢を付けて食うのもまんざらではない。塩焼きにしても、熱いうちに醤油をかけて食うと、他の川魚にさほど劣らない味である。

『日本山海名産図会』巻四、鱒の項には、「海鱒、川鱒二種あり。川の物味勝れり。越中、越後、飛驒、奥州、常陸等の諸国に出れども、越中神道（通）川の物を名品とす。即鮑《しおびき》として納め来る」と出ている。富山の鱒ずしは、こうした名産を生かした製品かとも思う。

鮎（友釣り）

鮎の友釣りは、春先の稚鮎の溯上状況から察して、期待できそうもないと予想していたよりも、面白い釣りができる年がある。物事は、たいていこんなことかもしれないが、釣れると予測して気負った気持で出かけて行って、思わぬしくじりをすることもあるものだ。

いつも僕は、釣れようが釣れまいが、魚がかかるだけ釣るといった考え方があるといっていいだろう。その方が釣っていても気が楽といえるからだが、こんなふうにして釣っている者の方が、余計に釣れるような気がしないでもない。道具の方は、当然ながら吟味して予め準備しておいたものを用いているから、上級クラスであると自負している。

ある日、僕は、いつも釣っている場所を、ゆったりした気分で竿を出して、囮鮎を泳がせていると、大きな当りがあった。これは大物、と思って竿を立てた。川下へと向う魚に従って下だりながら、頃合いをみて岸辺へ引き寄せようとした。しかし、なかなか寄ろうとしない。

僕の鮎竿は、他の人たちが一般的に使っている友竿よりも軟調で、胴調子だった。掛かった鮎を釣り上げるのには、若干手間取るが、取り込むまでに楽しめる時間が長い。しかし、釣り上げるにはあまり時間をかけていては、駄目である。鮎の身が切れてしまうか、糸が切れることが生じて不首尾に終る。

その時は、少々無理な気もしないではなかったが、やや強引に引いてみた。鮎は動こうとしない。それどころか、流れを溯りはじめた。十七、八糎の囮鮎を付けたまま、川を溯るのだから相当の大物であった。

そうこうしているうちに、突然向きを変えた鮎は、下流へと向かった。下だる鮎の速度に負けては大変と、竿を立てて追い付いて行ったが、急に竿先が軽くなった。中空に、途中から切れた道糸の目印が、ひょろひょろとゆれている。

元も子も無くしたとはこのことである。まさに釣られてしまったと思うと、われながら可笑しくなってきた。

仕掛けを取り替えて、再び釣りはじめた。切られたのはこの辺りの川筋と、考えながら囮鮎を入れていた。

しばらくその場を動かずに友を引いていたが、なにかに引っかかった微妙な手応えを感じた僕は、なんとはなしに囮鮎の姿を確認してみたが、なんの変りはなく勢いよく泳いでる。再び竿を構えていたが、やはりなにかおかしい感じがする。ともかく手許へ囮鮎を引き寄せると、掛鉤にテグスが絡んでいた。

これが原因だったのかと思いながら、絡んだテグスをはずしていると長いテグスだった。たぐってみると、手応えがある。先刻切れた仕掛けに、囮鮎がそのまま付いていた。その時錘りを付けて急流を釣っていたので、錘りが石の間に引っかかり、切れた場所に留まっていたのである。

僕は、まさかと思ってしたことが、これほどうまく成功するとは思っていなかったが、こういうことは試してみるものだと、その時しみじみと感じた。切れる原因となった大物は、鉤から外れていたのは、当然である。

それにしても、最近になって釣りをはじめた人々は、友釣りのマナーを無視した人が目立っている。

元来友釣りは、釣人と釣人との間隔は、十間（約二十米）ほど置いておくことが通常と、考えられていた。掛かった鮎を取り込む距離を考え、互いに迷惑がかからないことを計算して、おおむねその間を保っているのである。

しかし、それが釣人と釣人の間合いが狭くなっている。竿を伸ばすと届いてしまうほどで、釣ることよりも、その方への気配りがなやみの種ともいえる状態に、しばしば出会ってしまう。特に釣れている時には、むらがるように集まってくるのには、閉口してしまう。自分が釣りたい一心で、他人のことは一切おかまいなしといった態度に尽きる。その時僕は、竿が当たりそうになっても動かない。そして、囮鮎が弱って囮に使えなくなり、種鮎を譲ってくれといわれても、決して譲らない。

この人はマナーを心得ていると見えても、半数ぐらいの人は駄目である。僕が常時釣りをしている地元の川の人は、種鮎を売ってくれないといった風評があるようだが、本当の釣りの姿勢を知らず、そうした事情があるからである。

自分がやりたいと思うことは、たしかに成果を得たいだろうし、そうした心構えがなくては上達もないだろう。そこから自分を発見することがあるだろう。なんでも思うままに振舞う、いう、実行する、全く尊い事柄ではある。けれども、自らがその中に入ってみようとする環境、その社会の中にはそれ自体の特徴とルールは、お互いに保つ必要があることは、当然である。

それらを知ってから、自分自身の行動を、自由にしてほしい。内部のことを知らずして、表面だけでは本当のことはつかめないのは、友釣りの世界だけではない。釣りを一時の楽しみに行うにしても、その社会を快く保つに必要なことは、誰もが護っていてほしいものである。

釣りに対する僕のこういう考えは、当分は続くことであろう。

一九五五年（昭和三〇年）一月二三日

鯎《ウグイ》（ハヤ）

戦後まもない頃、土曜日の午後と日曜日には、雨が降らない限り必ずといっていい位、近くの早川へウグイ釣りに行っていた。

全川渓流といっても過言ではないほど、川相は急な流れの連続のため、途中の流速をゆるめたりする砂防堰や、石垣積みの堤防、袖堰堤などが施してあって、その下は大人の背丈ほどもある深さになっている個所が多かった。ゆるやかな流れのそうした場所は、アユ、ウグイなどのたまり場にもなっていた。

特にウグイは多くいて、釣る仕掛けもテグス、浮木、重り、鉤といった割合簡単で、道具、餌も気軽に揃えられるから、親しみやすい釣りだった。

四季を通して生息しているウグイは、コイ科の淡水魚で体形は流線形をしていて泳ぎがす早いうえ、強い生命力があるが、表情を見ていると、女性的なやさしさも感じてくる。

『大和本草』によると、「うぐひは鯎の字を用ゆ、出処しれず。漢名未詳、琵琶湖諏訪湖函根湖（芦ノ湖）等に多し。三、四月湖水より河流へ上がるのを漁人多くとる。色赤し、諏訪にては赤魚という。長さ五、六寸に過ず、美味ではなくなまぐさし。河魚の最下品なり。云々」とある。『日本産魚類大図鑑』には、分布は北海道、本州、四国、九州、その他朝鮮半島、樺太となっている。全国各地の河川、湖沼といった広範囲の水域にわたって生息していることもあって、各地によってそれぞれの呼び名がある。つまり、それほどその土地では親しみを持っている川魚だといえるのだろう。

私の地元早川では、ウグイと呼び、琵琶湖でもウグイと呼んでいる。神奈川県内の芦ノ湖では、アカッパラ、関東、東北はアカハラ、東京はハヤである。静岡の安倍川では、フジ色をした魚と意味してフジバナ、変わった呼び名では長野県のアキワ、婚姻色が秋の葉（紅葉）色ににているところからといわれ、群馬、宮城ではクキ。クキとは産卵期に群れ集まるところから群来（くき）の意味だという。

その他にも各地にいろいろと呼び名があるが、『出雲風土記』の中には「伊宇川に年魚あり、伊具比」とあったり、『大言海』によると「鵜の食うもの」で、ウグイとある。また、水面あるいは中層を泳いでいるところから、「浮いている魚」浮魚（うくい）と呼ばれていたのではないかとの説もある。

産卵期に入ると、雄の腹の体側に朱色の横縞が生じるのが、丁度桜の花が咲く頃であるところから「桜鯎（さくらウグイ）」とも呼ばれている。

ウグイの産卵期は、おおむね四月から六月にかけてだが、産卵場所として選ぶ水域は、中秋から晩秋にかけて一斉に川下へ下落して浅瀬のざら場に集まって産卵するアユに比べて、ゆるやかな流れの浅瀬である。産卵している状態を、瀬付く、といっているが、一尾が一万から一万五千個ともいわれる卵を産み付ける。そして、およそ四、五日間で孵化して二寸くらいに発育すると、上流へ溯上するといわれている。

川の上流へ向かって溯上して生育するのは、アユ独特の習性なのかと思い込んでいたら、平成二年（一九九〇）四月、早川御塔坂下の堰堤を飛ぶようにして溯上する若鮎の群を発見し、写真を撮りに三日ほど通っていた時だった。

四五度位の傾斜が付いた堰堤脇の流れを越えようとして、次々と水面から身を躍らせて跳ね上がろうとしている魚体の中に、体形が異なる魚がいるのに気付いた。滝状に落下する水脈に挑戦する魚体の中でずんぐりした体形をしていた。明らかにアユではない。よく観察していると、ウグイだった。腹部には朱色の横縞が浮き出している。

その時は、アユの行動に釣られての動作かと思っていたが、その後も、ウグイも溯上することを、ウグイの写真集などの記事で知って、改めて認識した。

ウグイの季節を追いかけるように、アユの溯上が本格的にはじまるから、アユに交じって溯上するのは、考えてみれば当然なことであった。

ウグイの盛期は春から夏にかけてであるが、川魚の女王とも譬えられているアユ釣りへと、釣人の目は移っているから、ウグイを釣る人は殆どいない。従って繁殖率も高く、魚影は濃く、アユの友釣りをしている時に、掛かることがある。一般的には体長三十糎に達するといわれ、早川もそれ位の大きさのウグイがいて、大アユが掛かったと思い込んで胸踊らせ、慎重に引き寄せて見ると、日の光に小さめな鱗がきらつくウグイである。

友釣りをはじめた頃には、掛かった時の引きは強いが長続きせずに、間なしに弱い引きになる習性を知らずにいたから、大物が掛かったと気構えたが、度重なるうちに姿を見なくてもアユかウグイかの引きの強弱で判断できるようになった。


しかし、友釣りをしている釣人の中には、ウグイが掛かると取り込んではじめてウグイと気付き、

「なんだ、ウグイか」

忌忌しげに呟いたかと思うと、川岸の石に叩き付けたり、河原へ放り投げて放置したりす

る釣人もいる。

ウグイにしてみれば、アユを襲おうとして囮アユに近寄ったのでない。体内にうき袋を具えているウグイは、常時遊泳しているのは中層から上層にかけての水域である。友釣りは、本態的には川底の石に付着している水苔を餌場としている野アユを掛けるのが本筋だから、囮アユが川底に達していないことになるからアユは釣れる筈がない。そのことに気付かずに囮アユを泳がせて、掛かるのを待っているうちにウグイがいる層へと浮いてきて、運悪くウグイは掛かりやすい状態になってしまう。ウグイにとっては至極迷惑な話で、ウグイには全く過失はない。粋がっているのか、いっこうにアユが釣れずに苛立っていたのか、それにしても感情をあらわに示す釣人は野暮である。

ウグイも釣人同様、この自然界に生を受けて生態分布を構成している魚族の一員である。河原に放り出され、無慙にも干からびて息絶えたウグイの末路を見る度に、悲しい思いをするのは私だけなのだろうか。掛かったウグイは、黙って流れに放してやればよいものを、と思う。

昭和二十年代頃の早川には、ウグイを釣っていた釣人が、少なくとも五、六人はいた。その中には、中年の女性も一人交っていたが、戦後の食糧事情が極端に悪い最中で、米はおろか麦などの穀類は殆ど口にすることが出来なかった。土地がある人はさつま芋、里芋を作って主食代りにして生命を保っていた状態で、動物質の食物は欠乏していた。

身近かで手軽るに釣れるウグイは、その補給食としても貴重な役割を果たしていたこともあって、盛んだった。

釣り方には、立浮木、玉浮木を使った浮木釣り、目印に水鳥の羽、毛糸などを使用した脈釣り、二十号から四十号の重りを付けたぶっ込み釣り、そして、毛鉤釣りなどといった各種の釣り方がある。

その頃の私は、専ら浮木釣りだった。竿は五本継ぎ竹竿の二間半（四・五米）、浮木はコマ型浮木で道糸はナイロン八粍（〇・八号）、ハリスにはヘチマ磨きの本テグス電球形一本選びの三尺（九〇糎）を付け、鉤は袖型三厘乃至四厘（三号乃至四号）で、餌はカゲロウの幼虫チョロ虫とトビケラの幼虫黒皮虫を使用していた。餌については、早川のウグイはカゲロウの幼虫の方が、段違いに食いがよかった。

餌のとり方は、ざら場の石を取り上げて裏側にはり付いたチョロ虫を指先でつまんで取ったが、私はチョロ虫を瀬虫と呼んでいた。瀬のある流れの場所に多くいたことから、そのように呼んでいたのではなかろうか。そのほかには、がんがん瀬（急流）脇に露出したなめらかな手触りの石を抱え込むようにして上体をあずけ、流れに添って水中の石の肌を、掌で撫でるようにしてへばり付いている瀬虫を掻き集めるようにすると、一時に大量の瀬虫が取れる方法があった。

一般的には、前者の方法で瀬虫を取っているのを見ているが、私は早川にウナギの穴釣りにきていた老練と思える釣人から、後者の取り方を教えてもらい、効率よく餌を手に入れていた。瀬虫は比較的やわらかい体だ。一度食った餌を牽制し、吐き出す習性があるウグイは、当たりがあっても掛からない時は、餌を取られている場合が多い。上達してくれば、浮木が不自然な動きをしたと感じた瞬間、反射的に合わせられるようになるが、それでも空振りになった時は餌がなくなっている例が多かったから、瀬虫は多めに貯えておかないと安心して釣りに没頭出来なかった。

ある日、対岸に私と向き合うようにしてウグイを釣っている人がいた。

同じ浮木釣りをしているのだが、流す筋がウグイのいる筋からずれているためか、私の方ばかり釣れていた。

しばらくすると、川の中へ立ち込んで、私の方へと近付いてきたかと思うと、私と同じ流れの筋を流しはじめた。しかし、どういう加減なのか私の方だけに食っている。

絡まなければよい、とひそかに懸念しているうちに、とうとう絡んでしまった。

外してくれ、というので絡み合った糸を外しにかかった。相手の仕掛けを見ると、私のよりも浮木下が二十糎ほど短い。私の方が浮木下が長いために、川下へと進む速度がおそく、追い付いて絡み合ったのだろう。仕掛けの糸はナイロン糸八粍（〇・八号）を道糸からハリスまで通しで使っていた。

これでは浮木下の調節以前の問題として、相違するのは当然である。ナイロン八粍の太さは、同じ太さのヘチマ磨き本テグスに比較すると、強度はあるが、弾力があることと水切れの悪さに難点がある。

ハリスから三尺上まで本テグスを使っていた私の仕掛けは、ナイロン糸よりも水中部分が透度に優れる点からも、ウグイに餌につながる糸は見破られにくく水切れもよい

釣人にはそれぞれに仕掛けへの思い入れがあるから何ともいえないが、相手の方へ解いた糸を離しながら、ウグイ釣りは、微妙な誤差によって釣れるか釣れないかが左右される釣りであることを、しみじみ感じていた。

そしてまた、テグスの太さにも正しい表示があるものとそうではないものがあったことを思い出していた。

アユ釣りシーズンになって間もなくの頃、銀座のデパートの地下にあった釣具売場で、本テグスの二厘（二号）と一厘半（一・五号）の太さを買ったことがある。

地元の釣具店で買うと安く、感触的には変わりない品質と思えるのだが、保つ時間が短い気がしていた。しばらく使うと、釣っていても絶えず不安があったが、一流の銘柄を売っている筈のデパートは値段が高いが一本選びの品質がよかった。しかし、その時は太さの表示に相違があるのではなかろうかと感じた。

親指と人差し指の腹に挟んでテグスを転がすようにして触れているうちに、さほど差がない太さに思えてならなかった。

思わず、

「太さはそれほどの差がないんですね」

丁度陳列棚の向こう側にいた、釣友会という金色のバッチを、背広の襟に付けた中年の男に話しかけた。

おそらく釣りの相談相手として招かれていたのだろう。店員と一緒にいたが、

「そうですか、違う筈ですよ」

不機嫌そうな顔とまなざしで私を一瞥してから、一本ずつダイヤル・インジケーターでテグスの太さを計りはじめた。

そして、しばらくして、

「そうですね。〇・二しか違いませんね」

ばつが悪そうな表情をして答えた。

当然、〇・五の差があっていい筈である。長年実践的に扱い慣れている勘の方が、バッチを付けた釣友会会員よりも正確な判断が出来ることを証明したようなものである。デパートの売場では信頼出来る業者の商標表示を信頼して仕入れていることだろうから、間違いない表示と思い込んでいるだけではないのだろうが、実際に釣る立場にとっては、竿、浮木、重り、釣鉤、糸、餌、それぞれに神経を集中して選ばなくては、川岸に立って竿を振った時に影響を及ぼす。特に釣り大会などの勝負時には、真剣さがあって当然である。

おそらく実戦的な釣りは、あまり上手ではないに違いない。黙って買えばよいものをと反省しながらも、一方ではほくそ笑んだ胸の内に、痛快感が残った記憶があった。


釣ってきたウグイは、一度白焼きしてから砂糖醤油で味付けて煮付けることが多かった。四月、五月頃のウグイは腹に卵を持っていて、内臓やうき袋を取り除いて、塩焼きにしてから熱いうちに醤油をかけて食っても美味だった。もっともその頃食糧が乏しかったから、口に入るものなら何でも食べなくては体が保てず、釣ってきたウグイを皆で食べたことで、そう感じていたのかもしれない。

ウグイの料理の仕方には、魚田、煮びたし、フライ、昆布巻、鮨だねにしても食えるという。方法はアユ鮨を作る場合と同じようにするのだが、皮をむいて作ることらしい。特殊な例としては、チリ鍋にしても美味しく食えるという。大きさにもよるが、二つか三つにぶつ切りにして、葱か三葉、豆腐、生椎茸大根などを入れて煮付けるということである。

私はいずれも試したことがないが、アユと同様に甘露煮にして食べたが美味しかった。もっとも甘露煮には、ウグイそのものの味よりも、砂糖酒などといったいわゆる調味料の味覚の方が強く感じると思えるので、その匙加減で美味になっていたのかもしれない。

しかし、箱根湯本で箱根寄木細工を作っている知人は、ウグイを釣ってくると、祖母は必ず甘露煮にしてくれた。骨まで口の中で抵抗ないほど煮込んであって、美味だった。ウグイは甘露煮に限ると愛でていた。

一般論では、ウグイは川魚の中で美味ではない。『大和本草』には、「河原の最下品なり」と記しているほどで、古来それが定評といわれていた傾向だった。しかし、長野県の川では、つけ場（ウグイが集まる場所）を人工的に設けて投網で捕獲して食べさせる所もある。ウグイは、料理の方法によっては捨て難い味がある川魚で、親しみのある身近かな魚ではなかろうかと、私は受けとめている。

二〇〇六年（平成一八年）九月一日

ウグイを盛んに釣っていた頃、ウグイに交って三十糎位の大きさのマルタが釣れることがあった。

丸　太（丸太魚）

マルタは、『大言海』によると、「丸太魚の略。魚の名。関東の産。白魚の族で淡水に生ず。形、円く長く大きなのは尺許り、味美ならず。利根川で丸太、多摩川で丸太などと稱す。また、ミゾゴイ、サイ、その子を東京ではハヤという。『物類稱呼、二、動物』（伊多、イダ、畿内及び西国にて、イダ。讃岐にて、ガウラ。東国にて、サイ、またマルタという。上州利根川に多し、云云。丸太とは山中より材（木材）を山川に浮かべ、流れに任せて下るのに譬えたり。今按に、サイとは材なるべし、丸太といえるも同じ心なり。）」と記している。

マルタの子をハヤ（ウグイ）であるということには、いささか疑問があるが、一見したところウグイによく似た体形であることには相違ない。『日本産魚類大図鑑』には、コイ目コイ科ウグイ属とあり、ウグイ属の他種とは異なるとあるから、ウグイとは違う。生息流域も中流から上流の河川に多く住むウグイに比べて、海の潮が影響する水域好みで、大きさも五十糎に成長する。しかし、産卵期になると中流域へも溯上して砂利の中に産卵することからも、ウグイとはある期間混棲する時期があるから、ウグイを釣っていてマルタが釣れても不思議ではない。

はじめてマルタと出会ったのは、戦後の昭和二十六、七年頃の六月はじめ、アユの解禁があった週の土曜日の午後だった。前日の夜まで降っていた雨は、土曜日の朝には止んで晴れていた。

板橋の集落をすぎて箱根へ向う国道と旧東海道合流場所の上を、箱根登山鉄道のガードがあり、軌道は右手の山の傾面を国道、早川と平行して走っている。ガードの左手の堤には、大人でも抱えきれない太さの松が一本立っている。その下には、小田原用水取水口もあった。

松の木は、一本松からおよそ一丁おきに、二本松、三本松と、箱根へ向かって同じような太さの松が聳え立ち、私たち子供は、場所を示す目安とし、釣場の呼称ともしていた。そこから箱根双子山駒ヶ獄などの山々が、よく見えているが、釣場は、一本松の下流にかかる一枚板の橋を、板橋側から対岸早川へ渡ってから、五十米ほど下だった深みである。一枚板の橋は、堤防に斜めに付いた細い道を河原へ降りて、流れに大型の竹籠（だるま籠と呼んでいた）を置いた上に渡してあった。そして、雨台風などで洪水になると、一抱えも二抱えもある岩が、一変した早川の濁流を上流から不気味な音を立てながら転げ、堤防に当たって決壊するほどの荒れ方になるため、ワイヤーで板の端を堤防に継いで流失するのを防いであった。

釣場の深みの上流で川虫をとった。

釣場の水色は、うす濁りの状態で釣りには絶好の條件だった。いつも見馴れている川の中程の水底には、二抱えもある岩があって、小学生の頃は友人達と泳いで、アユやウグイ、ボウズハゼ、ウナギなどが周辺に付いていたことを覚えていた。その岩だけは、深みにあるゆえか、大水が出ても根が生えたようにいつも残っていた。今日はその岩も見えない。釣竿を構えて、岩の向う側とおぼしい辺りに振り込んだ。そして、浮木が立ったと思う瞬間、浮木が引き込まれた。

間髪を入れず合わせると、ぐっと手応えが生じた。しかし動かない。いつもは掛かると竿先を立てて引き寄せ、釣り上げるのだが、まるで勝手が違っていた。

ハリスは本テグス八粍（〇・八号）を使っていたが、無理は出来ない。大物と用心しながら竿先を立てて、引き寄せようとした。

予想以上の大物だった。徐徐に力を加えて様子をみながら引き寄せようとしたが、掛かった魚はゆっくりした動きで下流へ向った。これ以上力を加え、無理に引けば、糸が切れるか竿が折れる不安がよぎった。

深みの裾の流れ出しには、アユの友釣りをしている。それ以上は下だれない。その前に一か八か魚と勝負しなくてはならないと考えていた。

不安は間もなく現実の姿となった。糸が切れた。案の定と思いつつも、いやな気分で川の中に視線を凝らすと、きらっと、逃した魚の姿が見えた。一尺はあると認めながらも、この水域にこれほどの大型がいるとは予想していなかった。しかし、現実にいたのである。

仕掛けを新しく付け替えて、再び釣ってはみたが、それっきり食わなかった。

日暮れて家へ戻ったが、夕食を済ましても忌忌しさで胸の中がすっきりしない。

小物はどうでもよくなった。釣り落とした大物の手応えは、小物を何度釣り上げようとも比較にならない心地よさと充実感があった。同時に、果たして使用している釣具仕掛け類で挑んで、勝目があるのだろうかといった不安感も湧いていた。

明日は朝から行ってみようと考え、とにかく出来ることは仕掛けを強くすることしか浮ばなかった。そして、ハリス部分の本テグスを一厘（一号）に強めてみることにした。太くなった分、それだけ相手に見破られる仕掛けになる確率は高くなるが、大物を釣り上げるには、いまの私にはそれよりほか手立てがないと判断して、仕掛けを作り直した。

朝から晴れていた。濁りは消えて水色は澄んでいる。

昨日と同様、上流で川虫をとって釣り損じた同じ場所に立って、釣りはじめた。

今日は水中の岩が見えている。食ったのは岩の向う側を流した時だったと、同じ流れの筋に浮木を流した。浮木の動きに注視していると、昨日の大物が突然食うのではなかろうかと、胸の内がときめいてくる。落ち着いて釣らなくてはと思いながらも、無意識のうちに緊張している。緊張していようと落ち着いていようと、食う時は食うだろうと、あれこれと考えていた。

しかし、いっこうに当たりはなかった。小魚も食う気配すら感じられない。まるで、私と大物との対決を、息をひそめて見守ってでもいるかのような錯覚すら覚えていた。

今日は、岩陰の流れがゆるんだ辺りよりも、流心に出て遊泳しながら流れてくる餌を待っているのかもしれないと思い付いて、餌を流す筋を変えてみた。

下手の瀬では、今日もアユの友釣りをしているが、釣人は少なく、長時間経っても釣れていない。

流速がある流れの筋に入れて数回さぐっているうちに、五、六寸のウグイが釣れた。

日は高く昇り、食いが一時止む時間帯に移っていた。今日は駄目かもしれない、昨日痛い目に会ったばかりである。そうそう釣り手の思惑どおりになる筈がないと、中ば諦めの心境へと傾きはじめていた。そして、やや川幅が広くなった深みの裾の、瀬への落ち込み近くを狙ってみた。浅くなっている水深に、浮木下を短く調節しないで竿を振った。

水面に落ちた浮木は立たなかった。やや斜めになった姿勢で、浮木が立ったと思う間もなく停止した。川底に引っかかった、と思って竿先を上げた。

すると、ぐぐっと手応えが返ってきた。

思わず、

「おっ!」

と小声を発した。

昨日と同じ位の強く重い引きだった。

掛かった魚は下流へと動きはじめた。弛めずにテグスを張ったまま、魚の動きに合わせながら、その間にも隙があれば岸辺に引き寄せようと計った。

しかし、テグスの水を切る音が、張力の限界を訴える悲鳴にもきこえる。無理をすれば、竿先も折れる憂いもあった。

魚の引く力を推し量っているうちに、昨日よりも太くしたテグスにもかかわらず、まだ心許ない気がしてきた。

昨日と同じように、落ち込みがはじまる先端では、私が釣りはじめた前から友を引いている釣人が、場所を動かずにいる。おそらく野アユが付く場所なのだろう。釣人がいる手前で、なんとか取り込まなくてはならない。

衰えを知らぬげな魚の動きに引かれるテグスは、水鳴りし続けている。下流にいる釣人の距離は、十米先に迫っていた。その時、魚の引きがやや弱まったかに思えた。しかし情況は変らず、次第に釣人との間が狭まっていた。

これ以上下流へは下がれないと意を決して、引く力を加えた。以外にも寄ってくる。魚の姿も見えてきた。コイのような体形をしている。一尺はある。いやそれ以上かと思える魚は、中層から水面近くに出てきた。ウグイの大物に見えた。ひと息に、と期待と不安の入り交った胸裡にいいきかせるようにして竿先へと神経を集中していた。

目の前に近付いた魚の腹が、きらっと光ったかと思った時、それまで満月の如く張りつめていた竿先から突如として力が消えた。

またしてもテグスを切られていた。一厘の本テグスと八粍のナイロン糸との結び目だった。無念さは残らなかった。むしろ、もう一度挑戦しようと意欲が沸沸と湧いていた。

一週間後の土曜の午後である。平日は降り続いていた雨が、不思議と週末になると止んでいた。降ったといっても梅雨時の雨足である。川筋が変化するほどの増水はなく、濁りも目立つほどのことはない。

会社へ勤務して間もなかった私は、その日時間外勤務二時間を終って、逸る気持ちを抑えながら家を出た。すでに日は西へ傾いている。

堤防へ立って見渡すと、いつもの釣場の深みで、同じ側から釣っている人がいる。

橋を渡って川虫を捕り、足速やに河原へ下りると、ウグイを釣っていた。

時折川で見かけるやせ形の五十をすぎている男は、漁業組合の役員とおぼしい記憶があった。

背後から、

「釣れますか」

声をかけて様子をみていた。

「あまり釣れないね」

口元に一寸笑みを浮べ、私を見た。

「少し気温が低いせいですかね」

「それもあるね」

浮木を見入ったまま、答えている。

梅雨時の雨の日は、存外気温が下がることが多い。例年のことながら、水温も同様上がらない。川虫を取った時、冷たく感じていたのはその影響からだった。

狙うポイントの岩から上手四、五米の川岸に立って釣っている釣人を気にしながら、釣支度をした。

水中に見えている岩の前に立って振り込んだ。流す筋は同じだった。釣竿の扱い、水面への落とし方の静かな動作といい、私よりずっと釣りの腕は高度である。もしかすると、釣られてしまうかもしれない危惧を抱きながら、上手に落とした浮木が下手へ移る状態を注視し続けた。

釣人の浮木を認めながら糸が絡まないようにして、釣り続けていたが、当りらしい反応がない。ハリスを一厘半（一・五号）に太くしたため、餌が付いた糸を魚が見究めているのかもしれないと迷う気持の中で、竿を振り、同じところを流した。

何回目であったか、正面に流れていた浮木に、不自然な動きを覚えた私は、反射的に竿先をはね上げてみた。

強い引きがかえってきた。引き具合から察して、あの相手に間違いないと思った。

竿先は弓なりに、テグスは水を切る音を立てはじめた。

相手は下流へ動いていく。徐徐に異動しながら、今度こそと気負う気持ちを鎮めつつ、岸辺へ引き寄せた。

「マルタだな」

上手の釣人が、ふり向きもせずにそっけない口調で呟いた。

素直に川岸へと寄ってきた相手を、引きずり上げるようにして陸へ上げた。

三日かけての挑戦になる相手は、私の執念に観念したかの如く、暴れようともしない。三十糎以上はある大きさで、片手の掌でにぎるには余る太さだ。釣り上げられた相手は、口を円形にした上に、口先を伸ばすようにして大きく開け、苦しげに呼吸している。きびしげな目元を意識した私は、絶えんとする生命の憐れさを、ふと胸の奥で受けとめていた。


釣ってきた魚は、もっとも味合える方法で料理して食うことにしていた。ウグイは、塩をまぶして焼き、熱いうちに醤油をたらして食うと、味がよい。あるいはうすく白焼きして甘辛に味付けして煮びたすか、昆布を巻いて甘露煮風に仕上げていた。手を加えると味もよくなるし、親しみをを覚える魚だった。

祖母や母は、これほどの大物はめったに釣れないだろう。ウグイ同様に甘辛に煮付けた方が、うまいかもしれないと意見があったが、夕食に出すには、手早く料理出来る方がよいと、話がまとまった。結局筒切りして塩をふり、焼くことになった。

内蔵をとり除いて火にかけると、脂がしたたり落ち、音を立てて炎が立った。

焼けたマルタを大皿にのせて、背と腹を分けた間に醤油を落とした。

いい匂いがして美味しそうだった。

熱いうちに身をほぐし、箸を付けて食べようとすると、細かい骨が箸の先に触れた。

「骨っぽいね」

祖母が骨を除きながら呟いた。

よく見ると、絹糸のような細かい小骨が、肉全体に密生したように行きわたり、身をほぐすのに手を焼いた。

肉の味はウグイによく似ているが、小骨の多さには食欲が減退するほど食いにくかった。

執念を燃やし、三日がかりで苦心して釣り上げた大物ながら、手応えの満足度に比べ、あまりにも皮肉な結果であった。

追《オイ》河《カワ》（ヤマベ）

私たち家族は、昭和三十八年から昭和四十六年春頃まで、酒匂堰近くに住んでいた。酒匂堰は、酒匂川中流域大井町から引き込まれ、下流の国府津に至って森戸川へ合流しているのだが、途中に幾條も水田用に引き込まれた掘割がある。その一つが家の南斜面下を流れていた。川幅およそ二米、普段は水深五十糎位でゆったりとした流れだったが、田園に水を入れる季節になると、水深九十糎にもなる。

水量が多くなると、どこからともなく、小鮒やオイカワが湧いたように出てきて、初夏の夜には食用蛙の鳴き声もきこえていた。

川岸に沿った田園の畦道には、猫柳が生えていて、暖気が加わると芽が吹き、枝葉も伸びる。周辺の草も茂って川面へ張り出し、枝や川辺の草が魚の隠れ場所になる。

暖かい日曜日には、近くの幼稚園に通っていた長男とまだ足元がおぼつかない長女を連れて、たんぽぽが咲く畦道を通り、れんげ畑に入って遊んだり、頂きに雪が残る富士山や丹沢山塊を眺めながら、散歩する機会も多かった。

ある日、掘割に沿った畦道を歩いていると、水面にしきりと水紋が生じていた。川岸から覗いてみると、ゆるやかな流れの中層を、十糎前後のオイカワが列を作って泳いでいた。時折泳ぎを早くしたり停止している間には、群れの中から一尾か二尾が水面に浮いてくる。その度に、水紋が生じていたのである。

鮎釣りの季節になっても、毎日東京の大手町まで通勤し、また会社の仕事の忙しさに体力をそがれ、本格的な釣り支度をして釣りに行く気力が起きなかった。釣りは諦めていた日々であったが、目の前のオイカワの動きを見ているうちに釣ってみようかと心が動いた。

オイカワは、和名で、『大言海』によると、「追川。水中で互いに尾を追って闘う。中国では闘魚という。古名はアサジといった魚」とある。『広辞苑』には、「追河、ハエ（鮠）」。『大和本草』には、「をいかわは、山中の川にいてハエに似て赤白色交り、口の端に疣《いぼ》の如きなるものが多い。京畿にてはヲイカワという。筑紫にてはアサヂという。またアカバエとも山ブチハエともいう」とある。また上段註の文中には、「オイカワの雄を琵琶湖ではオイカワ、雌をハエまたはシラハエという。ここに挙げたヲイカワは、オイカワの雄のことであるから、追星の記載まで載せてある。此の頃の色々の方言は多くはオイカワの雄の名称で、此魚が雌雄によって形や色が違うことを充分に知らないようである」とも付言している。

呼称は地方によって様々で、私は一般的にヤマベと称しているが、これは東京付近の呼び名である。相模川流域ではアユの稚魚が琵琶湖からくる中に交って増えたところから、ビワコともいう説もある。主な地方名はというと、東京、関東でヤマベ。関西、山口では、アカハエ、シラハエ。琵琶湖はオイカワ。東京、群馬、兵庫でハヤとも呼んでいる。

いずれにせよコイ科の淡水魚で、平地の池沼、用水、川の、中、下流まで生息し、体長はおよそ十五糎、まれには二十糎にも達するのもいるが、雌は十糎程度である。特に雄は婚姻色が鮮やかな青緑色で、胸鰭背鰭の前縁は橙色を呈し、雌にはない雄の大きな背鰭はさらに大きくなって赤身をさしてくるのが、特徴である。

釣り方には地方によっていろいろとあるようだが、主な釣り方は、フカセ釣り（フカシ釣りともいう）、脈釣り、生餌を使った立ウキ釣り、オカユねり餌の立ウキ釣り、蚊鉤を用いた流し釣りである。

私は玉浮木を付けて餌を川虫やサシを使った餌釣りをした経験もあったが、主に浮木を付けた蚊鉤の流し釣りだった。しかし、いずれの釣り方にしても、掘割の両側は伸びた草の葉、張り出した木の枝が川幅半分ほどの水面を覆っている。釣竿を振り浮木を投げて川面を流すには、枝葉が邪魔になってまともに竿を構えた釣りは不可能な状態だった。

オイカワたちもそれを承知しているかの如く、畦道に人が近付くとす速く散って姿を隠すが、すぐに列を作って再び自由に泳ぎはじめる。中層から川底でたわむれ合っているかと思うと、ひよいと水面に顔をのぞかせる。これ見よがしに奔放に泳いでいる姿を見ていた私は、なんとかして釣る方法はないものかと考えていた。

そうしたある日、帰宅してテレビの釣り番組を見ていると、ヤマメのフライフイッシングをしていた。張り出した木の枝などを巧みに竿を操って避けて、糸をくり出している。私はその頃、フライ用の蚊鉤、釣竿、リール、ラインなどを持っていたが、見ているうちに、そうか、木の枝の下を流するように鉤を使えばいいと思い付いた。浮木下に数本の蚊鉤を付けた仕掛けを、リールから糸をくり出しながら、木の枝、草の葉の下をくぐらせて流れに乗せていく。糸は十米ほど伸ばしてから、ゆっくりリールを巻きとる。水面を動く蚊鉤を、オイカワが虫と思い込んで蚊鉤に飛び付くのではなかろうかと考えた。それに、鉤先にかえしがある蚊鉤に食い付いて掛かったオイカワは、多少のゆるみが生じたり、糸を強く引いたくらいでは、たやすく外れないだろう。

早速試してみようと思って、以前に使っていた蚊鉤を出してみた。しかし、肝腎のみの毛や胴巻きが虫に食われていて、蚊鉤は裸同然だった。

翌日出勤した私は、昼休み時間にデパートの釣具売場へ行って、蚊鉤を十種類ほど買ってきた。夜おそく帰宅した私は、仕掛けを作った。玉浮木の下の糸に、買ってきた蚊鉤の中から、赤孔雀、菊水、ホタル、カゲロウ、ヒバリの五本を選んで、二十糎間隔に、鉤先が上向きになるように、鉤本の中側に結び目を付けて結んだ。

釣竿はフライキャスティング用の五本継ぎ二・一米で、ガイドが付いた黒塗りに仕上げの竹の六角竿がある。フライ用のリールも十分使用出来た。

要するに、フライの道具立てで、蚊鉤を空に飛ばしてポイントへ落とす代りに、足場のよい川岸から、足元の流れに蚊鉤と浮木を落としてリールから糸を引き出していく。流れに乗せながら蚊鉤を川下へと運んでもらい、蚊鉤が適当な場所へ達したところでリールを巻きとる。といった釣り方である。

蚊鉤釣りは、餌を予め準備する必要がなく、僅少な時間で釣り支度が出来るので、手間がかからなくてすむ。釣場は家から歩いて二、三分のところで、足元はサンダル履きでも安全な平地である。子供たちを遊ばせながらの釣りといった感覚で、久しぶりに釣りが出来ると思うと、日曜日が待ち遠しかった。

晴れて気温が高くなった日曜日の午後、長男と連れ立って掘割へ向かった。

魚籠には、丸の内の丸ビル地下の釣具店で買っておいた、銅製の小判型をしたアユ用囮缶を持っていった。

すみれ、たんぽぽなどの草花が咲く畦道を通り、木陰に入って釣竿にリールを取り付けた。スプールから糸を引き出して仕掛けを結び付けている間にも、しきりと水紋が生じている。

流れに浮木を落とし、蚊鉤が縦一列に並んで浮くように流速に合わせて糸を張りながら、徐々に糸を伸ばした。

五米、十米と、糸が伸びていくうちに、ちょぼ、ちょぼと、浮木下に水紋が出始めた。

頃合いを見計らって糸を出すのを止め。ゆっくりとリールを巻き取りはじめた。間なしに手応えがあった。その都度合わせて鉤を食い込ませるのだが、オイカワの口のまわりはやわらかく、強く合わせると口もとが切れて外れてしまうおそれがある。

ゆっくりとリールを巻いてくると、また手応えがあった。時折白い腹が見えている。

浮木が手元に戻ってきた時、三本の蚊鉤に十糎ほどのオイカワが付いていた。

囮缶に水を汲み、よもぎの葉を二、三枚浮かせた。オイカワを入れると、手頃な魚籠としての役目を果たした。

私は、自分でもこんな釣り方でオイカワが釣れるとは、いままで考えたことがなかった。糸をくり出してから息子に釣竿を持たせた。左手に竿を持ち、小さな指でリールのハンドルを回している。なんとなくぎごちない扱いだったが、はじめての経験だから無理もない。その間にも浮木下に水紋が立って、蚊鉤を追ってオイカワがついてきていることがわかる。大小のオイカワ二尾釣った息子は、自分で釣った魚をつかんで大喜びしていた。

一時間半ほどの間に四十尾近く釣ることが出来た。木陰には風もなく眠くなりそうな日和だった。

家へ戻って、オイカワの鱗を引いて腸をとって洗った。家内は白焼きにしてから砂糖と醤油で、甘辛に味付けして煮付けにした。

料理には、空揚げして三杯酢に漬けて食うことや、白焼きして一日ほど干してから茶で煮ながら水を差して弱火で半日も煮ると骨はやわらかくなり、煮つめて酒塩をひたひた程度に入れる。煮上がる直前に砂糖、水飴を入れると照りが出て、中蓋をしておくと形がくずれない。飴煮ともいえる方法のほかには、天ぷら、南蛮漬けなど各種あるが、寒中のオイカワは、美味である。

わが家では、殆ど釣ってきた日に白焼きして甘辛に煮付ける方法が多い。塩をまぶして焼き、醤油をうすくかけて熱いうちに食べたこともあったが、煮付けの方が味が馴染んだ。

息子は釣ってきたオイカワを食べながら、いかにも満足げだった。

子供たちは、父親と一緒に遊びたい年頃なのだが、会社勤めの合間は、子供たちと遊ぶ時間が少ない状態から、とうてい釣りに行けるゆとりが、心身共になかった。

それが、ふとしたヒントから、オイカワ釣りの常識を外れた釣法で、短時間の間に釣りの楽しみを味合うことが出来ることを知った。同時に、子供たちと野の花が咲く川辺で、一緒にすごせる時間を持つことが出来ることも、私にとって思わぬ収穫でもあった。

鯉（信濃入広瀬村にて）

残された秘境

上越新幹線「とき」で大宮から浦佐まで一時間二十五分、東口へ降りると目の前に魚野川が流れている。国道十七号線を魚野川添いに車で走って間もなく小出である。小出から六十里越峠をこえて田子倉湖方面へ向かう国道二五二号線に入ると、広神村《ひろかみ》、守門村《すもん》へと続く只見線添いに約二十分、黒又川ダムの玄関口入広瀬村《いりひろせ》に到着する。

大栃山、穴沢、大白川など七部落を合併して、東西十四〜十五粁、南北三十粁、面積二七二・六平方粁、農業林業を主要産業とした閑静なたたずまいの山村である。役場、学校など公共機関が集落する中央部には、信濃川水系魚野川支流、破間川《あぶるま》が流れている。破間川を溯り、柿の木地域近くになると黒又川が合流し、黒又川堰堤がある。黒又川ダムは、その上流に当る。

第一ダムは部落から車で約二十分、守門地域にあり、堪水面積一・四三平方粁、水深三十米、有効落差一七七米で、昭和三十三年二月に完成したものである。第二ダムは、第一ダムから車でおよそ二十分さらに上流へ行った場所にある。堪水面積二・二五平方粁、水深三七米、有効落差六一米で、昭和三十九年一月入広瀬地域に完成した。共に電源開発によるダムである。

第一ダムから第二ダム入口までは、車で入れる道路があるが、第二ダムの上流へは道がないに等しい。歩いて釣場に行くには、山の中の踏み跡を辿るほかはないから殆ど困難である。ダムの奥の秘境の釣りを求める釣人は、車に船を積んでいってダムへ下ろし、上流の釣場へ行く以外に方法がない。そこから岸へ上がって釣るか、ダムへ流れ込む沢へ入って釣る人が多い。

村役場は、入広瀬村一帯を、冬はスキー場に、夏は休暇村として、〝たずねゆく山辺の旅情――入広瀬の旅〟をキャッチフレーズに、各地へ呼びかけているが、新幹線から乗り換える交通事情が影響してか、思うように客が来てくれない実態にあるようだ。

村役場の大島正徳さんの意見によると、

「山には楽器や床材に用いる良質の橅や小楢の木が多く、秋の彩りも素晴らしいが、ウドやワラビ、ゼンマイなどの山菜が採れる新緑の季節のほうが趣きがある」

と強調していた。

平年積雪三・五米、全国でも屈指の豪雪地帯であるが、五月下旬になると雪が消え、春の草花が一斉に咲き始める。

黒又川ダムの釣りはその頃から始まるが、最盛期は七月である。コイやヘラブナは同じ時季にのっ込みがはじまり、以前は一週間ぐらいその光景が船に乗っていても認められたが、最近では警戒心が強くなったのか、見ることが出来なくなった。

八月にはコイは釣れなくなるが、九月に入り、山野の木木が色付きを迎える頃になると再び食いが立ってくる。冬の間深い淵に潜伏して餌をとらないコイの習性から、越冬のための体力作りの季節になるからである。

魚沼漁協の規則によると、イワナ、ヤマメ、ニジマスは十月から翌年二月まで、サケは一年中、サクラマスは九月から十一月まで、コイ、フナは六月一日から六月二十日までの間禁漁で、ウグイは禁漁期間の定めがない。そのほか漁具、漁法の制限、禁止区域、保護水面区域の指定がある。資源保護のルールを守るため巡回して監視を強化しているのだが、シーズン中には遊漁料を払わない者、禁止区域で釣る密漁者が絶えないと、漁協関係者はなげいていた。

秋が終ると、あわただしく雪の季節に入る。黒又川ダムへの道路は深い雪に閉ざされ、翌年の雪が消える春まで神秘の世界となってしまう。

十二尾のコイを釣る

第一ダムが出来た昭和三十三年頃から、毎年計画的に、コイ、フナ、イワナ、ヤマメなど約三八〇尾放流し続けているのだが、ヤマメは下降して残っていないという。コイやフナは放流しはじめてから二年目は、素人でも面白いように釣れた。湖底に沈んだ立木が枯れていないことも影響していたと思うが、それこそ餌のミミズを落とすのを待っているといった具合に、水面に口を出してきて食いついた。半日釣ると持てないほど多量のコイが釣れた時もあった。

なかでもウグイは増えすぎて困ったくらいであったが、昭和四十四〜四十五年頃、腹の中に多量の虫が発生してほとんど絶えてしまった。その後も同じ状態のままである。その時にはフナも同様で、病気にならなかったのはコイだけであったというから、その頃残ったコイが育ち、最近になって一米くらいのコイが釣れるようになったのであろう。

第一ダムが出来る頃からダムの近くで炭を焼いていたという板屋（屋号）の浅井精一さんは、五十半ばの年輩で、温厚な顔立ちであるが、忍耐強く意志強固な印象を受ける。漁協の役員をしながら黒又川ダムのコイ専門に釣って、その道三十年のベテラン釣師である。

使用している釣り竿は、二十瓩の魚に耐えられる磯釣り用の竿で、道糸二十号ハリス十五号、鉤はイシダイ鉤十八号を常用している。取り込む玉網は、四十〜五十糎のコイを目安とした深さ六十糎直径約六十糎である。餌には市販のねり餌、さつま芋などがあるが、じゃが芋をふかしたのが最も効果的で、もっぱらじゃが芋を四つ切りにして用いている。入れ物は当初山菜を入れるコンテナを使っていた。

そうした道具立てで、時には一尾七十万円の高値が付いたニシキゴイを釣ったこともあったが、昨年七月に一米をこえる三貫二百匁（約十二瓩）のマゴイを釣ったのが最高であった。その時、コイがかかると同時に、竿先は水面に触れるばかりに引き込まれ、思い切り強く締めた大型リールのスプールから、悲鳴を上げながらも道糸が引き出されていった。自信があった磯竿も、その時ばかりは心許ない不安感がしてならなかった。死闘三十分ようやくコイの姿が水面に出てきたが、玉網に入らない。一瞬戸惑ったが思い切って頭から掬い込んだ。コイは体半分はみ出していた。気がついたら釣竿の先端が折れていたという。さらに困ったことにそれほどの大ゴイを入れる物がない。やむなくビニール袋に包んでバイクの荷台に取りつけて運んだが、惜しいかな家へきて間もなく死んでしまった。それ以来、長さ三尺幅一尺五寸の長方形の大桶を特注して作り、その中へナイロン袋に水を入れて運ぶことにしている。

釣れるのはコイの大物だけではない。一尺ぐらいの大イワナは多く、一腹にウグイが六尾入っていて、三尾はまだ生きていたという大イワナを釣ったこともある。黒又川ダムは大物の宝庫でもある。

湖底に引き込まれる

まだ磯釣り用の釣竿が手に入らなかった昭和三十八～三十九年の頃は、旗竿を釣竿代りに用いていた。

長さ四米ほどの竿先に、十五号のテグスを同じ程度の長さに結び、餌を付けて放り投げて当りを待った。そしてコイがかかるとすかさず合わせておいて旗竿を放す。驚いたコイは水中深く潜って行こうとする。旗竿の手元の部分が立ったかと思うと、水中へ没して見えなくなる。

水面を見張って待つことおよそ五分、思わぬ場所にまず竿尻が姿を出す。見守っているうちに、次第に長く突き出てくる。やがて旗竿が立ったなと思う間もなく倒れて横になる。旗竿全体が水面に浮き出たところへ船を近付け、静かに旗竿を取り上げて引くと、その時コイは力尽き、たやすく玉網の中へ掬い込めるという手順であった。旗竿をコイに引かせて抵抗を与え、自然にコイが疲労するのを待つという釣り方であった。

浅井さんが、コイのために危うく命を落としそうになったのは、その頃のことであった。いつも朝釣りに出ていたのだが、その日は夕方釣りに出た。

湖面に影を落とす山肌の緑は、西に傾いた日にやや翳りを見せていた。

釣場は、数日前に八粁級のマゴイを二尾釣り上げたポイントである。

岸から餌を投込んでどれほど経ったであろうか、陽の光は弱まりつつあった。間もなく茜色に空が染まる。風が出てきて、湖面に小波が立ちはじめていた。

倒れた古木に腰を下ろし、じっと竿先を見詰めていた浅井さんは、今日は駄目だと思って立ち上がり、旗竿を引き上げようとした。

その瞬間、強烈な手応えがきた。旗竿を立てて身を反らせていた浅井さんは、頃合いをみて旗竿を放した。水面を引かれて行く旗竿は、間もなく水中へ引き込まれる筈である。こう考えながら注意していたが、

何故か旗竿は沖合いへ向かわずに停止した。

不思議に思った浅井さんは、船を出して近寄った。水の中を覗き込むと、水深四米ほどにある木の枝にテグスがからみ、白ゴイに巻きついているのが見えた。

辺りには釣人の姿はなく、日暮れを迎える一時に静まりかえっている。

「よし、捕ってやるぞ」

と思った浅井さんは、旗竿を船の中へ取り込み、素っ裸になって水の中へ潜った。息をつめて木の枝のテグスをほぐし、あと一回枝をくぐらせれば、からんだテグスが外れると思った時、不意にコイが動きはじめた。その瞬間テグスが足にからんだ。コイはもがく浅井さんを尻目に、湖底へ引き込むように深みへと向かった。

必死に水面へ出ようとする浅井さんとコイとの争いが一進一退している時、さらに下方の木の枝にテグスがからみついてしまった。

コイは身動き出来ず、太さ十五号のテグスはなまじの力では切れるものではない。もがいているうちに三〜四回水を飲んだ時、幸いテグスがゆるんだ。そしてようやく水面へ逃れることが出来たという苦い経験である。

「あの時はもう駄目かと思った」

浅井さんは笑っていたが、そのとき落ち着きを失っていたら、コイに足を取られて湖底に沈んだままでいたかもしれない。

今後のダム計画

魚沼漁協組合長金登（屋号）の浅井光治さんの話によると、「黒又川にダムが出来る前の破間川は、豊かな水量で、わずかながらもサケが登り、随所の淵には季節になると、三尺もあるカワマスが二百〜三百尾も群れていて、潜ってかぎで引っかけて捕ったこともあったが、ダムが出来てからはサケもカワマスも姿を見せなくなった」

淡々とした口調ながらも、懐かしげに話していた。

ダムを建設して水力を活用し、産業発展のため役立てるべきか、自然の姿のまま残すことが、現在を生きる人間が子孫への最大の遺産といえるものか、明確には判断し難いが、カワマスは故郷を失ったことは事実である。

しかし、一面では黒又川ダムが出来たがゆえに、類い稀れな巨ゴイをはじめ、大イワナが棲息する自然の宝庫が誕生したことになる。

黒又川ダム周辺地域には、昭和六十年に破間川上流に破間川ダムが完成する予定である。さらには、黒又川第二ダム上流に、第三ダム建設計画が検討されている現状から察しても、地域の開発は推進されて行く傾向にあることは間違いないだろう。

福島県との県境に位置する附近一帯は、越後三山只見国定公園の懐に抱かれた越後の秘境といえる所である。

地域発展を伴う開発によって、それらの秘境を汚損するか、あるいは大自然の宝庫として維持しながらどのようにして開発との共存を図るかは、良識ある人々の判断する心と行動に期待する以外にないであろう。

酒匂川の釣魚

アユ

天然アユ遡上していた頃、酒匂川のアユは、徳川時代に将軍家に献上していたほど、良質のアユとして有名だった。

旨いアユというのは、川石に付くアカ（珪藻・藍藻類）が良質でなくてはならない。川底が岩盤状か底石が硬質の深成岩（岩漿が地下の深部火成岩の一種で、冷却・凝固した花崗岩、閃緑岩、斑糲岩で成ったもの）などの類で深造岩である。白っぽい粘土質の石、砂とまごうような小砂利のはよくない。『川釣り歳時記』（平凡社）「友釣り名手、千曲川佐々木政行氏説」

昭和初期までは、盛んに天然溯上していたという。

昭和十三年六月朝日新聞社発行の『全国釣場案内』の中にある「酒匂川の鮎」の項には、

次のような掲載記事がある。

「酒匂川は発電所に水を取られて発育不充分。近年は殆ど問題にならないが、第一及び第二発電所は排水口で大雨後の一～二日間は面白い釣りをすることがある。順路は、旧東海道線（御殿場線）松田駅あるいは小田急線新松田駅といった程度であった。

しかし、上流は望みはないが、松田から下流はある程度釣りになるという。

また、相模川のアユ釣りが思わしくない年には、不思議に酒匂川が当るのが慣例になっているというジンクスがあるともいわれていた。そして、酒匂川へ合流している狩川、仙了川も見逃せない釣場である」と紹介している。

その後、稚アユが放流されるようになった酒匂川は、昭和二十六年（一九五一）頃からアユ釣場として喧伝された川といわれ、昭和二十八年（一九五三）六月号の「つり人」月刊誌には、酒匂川アユ解禁に向けての情報が、次のように載っている。

「三五万尾放流されたが溯上がよく、生育状況もよく、現在四～五寸（約十二～十五糎）。解禁六月一日。入漁料金二五〇円。日釣五〇円。（早川では一〇万尾放流。入漁料金三五〇円。日釣一〇〇円）釣場、飯泉橋上下、松田十文字橋付近、山北発電所、支流狩川だるま尻」と紹介記事がある。

また、同誌「編集後記」には次のような「神奈川新聞」引用記事がある。

「五月十七日酒匂川のアユが工場の悪水で一〇万尾ほど死滅した」と紹介され、「一〇万尾という数量はあくまではっきりした数字とは判らないが、相当数のアユが害を被ったことは事実である。あと二週間位で解禁という時だけに、漁業関係の人々も釣り人達も多いに落胆あるいは怒りを感じていることであろうと思う。これまでに何回となくおきて、その都度愛好者をなげかせている。これは工場従業員が不用意に流した事、または工場責任者自身が、悪毒水の処理に非常に怠慢であるか、少しも関心がないか、どちらかだと思っている。今後起さぬよう特に工場その他の関係者に注意して処理に当られるよう、魚を愛するものの一人として大いに反省を促したい」と述べている。

ヤマベ（オイカワ）

昭和十三年発行朝日新聞の『全国釣場案内』によると、酒匂川のヤマベ釣りについては、京浜から近いということもあって、ヤマベ釣師の人気の川で、狩川、仙了川も見逃せない釣場である、と紹介している。特に特大型のヤマベが数多く釣れることが人気の過半数の要素である、と書かれている。

また、関東では初夏の頃をヤマベ釣りの季節とされているが、酒匂川では寒中でも深めの用水へ糸を垂れれば、相当の釣果があるといい、場所は本流もさりながら、独特の釣趣があり、釣果も多い。と紹介されている。

カワマス（サツキマス）

昭和の初期には、アユのほか、マスの溯上もあったと、釣り関係の案内図書には書いてあるが、海へくだった魚が、障害物もなかったから安心して溯上していたと思える。

その頃の昭和八年度の「県水産試験場業務報告」によると、上流地域の寄《やどりき》村の中津川、共和村の皆瀬側、三保村の河内川の上流地域に、県水産試験場によって、ホンマス・ヤマメ・カワマス・ニジマスが放流されていた記録がある。

昭和十五年（一九四〇）農林省発行の「河川漁業第七輯」によると、酒匂川で一四八貫（約五五五kg）マス漁獲高が計上されている。（早川では一一五貫（約四三一kg）「同所第六輯」の溯上報告がある）

酒匂川の発電所建設を見ると、大正三年（一九一四）山北発電所、大正七年（一九一八）内山発電所（南足柄市）、大正九年（一九二〇）嵐発電所（山北町）、昭和六年（一九三一）福沢第一、第二発電所（南足柄市）の状況で、大正元年（一九一二）から昭和五十三年（一九七八）にかけて、河内川四か所、鮎沢川四か所の発電所が建設されている。

さらに、昭和四十八年（一九七三）には飯泉取水堰が出来て、昭和五十三年（一九七八）

には三保ダムが造成された。

ヤマメ

ヤマメとアマゴの生棲分布境界は、箱根山を境にして東側はヤマメ、西側はアマゴといった説がある。また、酒匂川周辺がヤマメ、アマゴの混在地域と認識している説もある。

いずれにしても、足柄上郡の中津川、河内川は江戸時代の頃からヤマメの産地といわれていた。水温が上昇する夏季になると、皆瀬川に溯上するヤマメを見たという話もあり、関東大震災以前には四十八瀬川の三廻部付近を限界として、その上流にヤマメが生息していて、産後の回復に効くといわれたヤマメを獲って食べていたといった話もある。

そうしたことも、関東大震災以後丹沢の多くの河川ではヤマメが絶滅したといわれているが、実際には、次のような調査結果がある。

酒匂川系の皆瀬川、河内川、世附川、中川、川音川上流四十八瀬川には残存。鍛冶屋敷川、玄倉川は絶滅。その後、昭和の後半になって放流されて、生息するようになったのが、大半の川の経過であろう。

川魚に対しての慣例があった

(1) 秦野市三廻部の四十八瀬川、松田町寄の中津川では、産後の女性の乳首の傷にヤマメの皮を貼ったり、産後の肥立によいといってヤマメを食べたという。

(2) 御殿場の鮎沢川では、ヤマメの脂は中耳炎、乳首の傷、皮膚病、腫物などに効果があるという。

油を取るには大きめのヤマメを竹串に刺して、囲炉裏に立てて遠火で焼く時にジュクジュクと油が滴り落ちる。それを茶碗に受けて用いていた。

(3) 御殿場市では、アユを「年魚」と書いて一年の生命であることから「縁起が悪い」といわれ、婚礼などの目出たい席の膳には用いない慣習があったという。

因みに、「延喜式」における神饌の魚の中に「年魚」があり、萬歳旗にはアユの姿がある。神武天皇、神功皇后は戦の占いにアユを用いた話もある。

また、ハヤ（ウグイ）を食べると「早死にする」といわれ、昔から嫌う風習があったが、寒バヤは美味なので、甘露煮や空揚げにして食べていたともいう。

(4) ヤマメ釣りの古い釣人の諺に「三月ヤマメはボロ布切れでも釣れる」「五月ヤマメは誰にもくれるな」といったものがある。

前者は解禁日当初は越冬したため餌不足で、どんな餌にでも食い付くといった表現で、後者は山吹の黄色い花が咲く頃が、ヤマメの味の最盛期であるといった意味を表している（御

殿場市鮎沢川）

岐阜の長良川地方の「五月アマゴでアユ叶わぬ」（五月のアマゴ〈ヤマメ〉の美味には、アユの味も叶わない）といった意味と同意であろう。

二〇一三年（平成二五年）五月一八日（土）

箱根早川の鮎

私の机の前の壁面に、雌鮎の魚拓の額が架けてある。昭和二十五年九月十八日早川にてと書いてあるが、その頃の成長した早川の鮎は、魚拓のように頭が小さくてまことに姿のよい体形をしていた。

それまでの数年間、早川は昭和二十二年九月十五日カサリン台風、翌二十三年九月十六日アイオン台風、その翌年の八月三十一日キティ台風と、毎年立て続けに大型台風が相模湾に上陸。その度に豪雨と芦ノ湖からの放水によって洪水が発生し、その都度石垣造りの堤防は決壊して橋は流出、周辺の田畑の冠水をはじめ民家の床上三尺に達する浸水で被害が続出し、河原は荒廃していた。

昭和二十五年の夏は季節の移行も順調に秋へと移り、前年までに決壊した箇所の堤防の裾部分には補強堰堤が施され、工事のために掘り下げた堰堤下は二米ほどの深場となって残っていた。

その日、晴天が続いて残暑の陽射しが注ぐ河原の浅瀬の硅藻は腐り、水深がある川底の石に付着している硅藻も同様な状態だと思いながら、早朝から友釣りに行った。

河原に降りると悪臭が漂い、上流からは緑色したとろろ昆布のような藻の大小が時折流れている。

川面に反射する朝日を眩しく意識しながら、五本継ぎの三間半の竹竿をつなぎ、補強堰堤下の深場の裾から囮鮎を入れた。

竿を構えている間にも、流れてくる青い藻が道糸にひっかかり、取り除いてひと安心と思って囮鮎を流心へ戻すと、今度は囮鮎の動きが不自然になる。竿先を上げて囮鮎を引き寄せると、鼻かんに藻が巻き付いている。そうしたことを何度か繰り返しているうちに、囮鮎の動きが止まった。

探るようにして竿先を上げると、手応えがある。しかし鮎特有のつんつんとした引き方ではなく、ずっしりと重い。竿に力を加えて引くと竿先だけが曲がり、鮎は出てこない。かつて経験したことがない引きの強さだった。

慎重にテグスを弛めず、三分ほど経過した。そうしているうちに鮎が身切れしてばれるか、ナイロンテグスが切れるのではなかろうかと不安になってきた。そして徐徐に竿に力を入れて引いてみた。

すると鮎が上流へと動きはじめた。さらに力を加えて竿先を立てながら引くと、川底から鮎が浮いてくる気配を感じた。この機にと思って引き寄せようとしたが、鮎はそれ以上動こうとしない。

どう扱ったらよいのか迷った。かといって、いつまでも同じ状態でいたのでは埒があかない。運を天にまかせて強引に引き寄せてみるか、それとも自分の方から鮎に近寄って行くか、いずれかを選ぶほかはないと判断した。そして、竿先を川下へ向けて川の中へ入った。鮎を深場から少しでも浅い裾の方へ引き出そうと試みた。膝から股、腰の深さまで入って行くと、思いのほか素直な動きで泳いでいる鮎の背筋が見えた。囮鮎はまるで子供ほどの大きさだ。慎重につまみ糸をおさえ、タモを水中に入れて掬い込んだ。タモ幅一杯に納まった鮎の体は、片手の掌では握れない太さだった。

背鰭の付け根に刺さった掛鉤を外すと、にわかに実感が湧いて体が熱くなった。下半身ずぶ濡れのまま家に帰って大きさを計ると、二十六糎を超えていた。当時十九歳だった私は、初めて釣った大物である。重さを計るところまで気がまわらなかった。

大鮎は、脂がよくのった肌ざわりと共に、夏の川魚の王者にふさわしい姿態をしていた。

心に残る釣り風景

生家の前の通りは小田原から箱根へ行く旧東海道筋で、昭和の初期まで日本で二番目に古い電車が湯本まで走っていた。北裏側には四百年以前の北条時代に作られたと伝えられる約一間半巾の板橋用水が東へ向かって流れ、城下町小田原の用水として通じている。

板橋用水に沿った裏通りの向う側の森には、明治の元老山縣有朋の別邸古稀庵があり、その右隣は益田男爵邸閑院宮邸と続く小高い山である。

家の裏庭にはマキ、ナギなどの植木と共に二抱えもある欅が四本、箱根登山鉄道線のホームに立つと見えるほど聳えて枝を張り、特に太い一本の幹は用水の石垣を川へ押し出すような格好で張り出していた。

路面から川床まで約一米の深さの用水は、水深四十〜五十糎で、川巾一杯音を立てて勢いよく流れていた。悪戯っ子が落ちて川下の人が引き上げることもしばしばあったが、早川の水を取り入れているために鮎やウグイが入り込み、川上にあった水車の下の深みに集まっているのを、ドブ釣り（沈み釣り）や浮木釣りで二十尾も釣った記憶もある。

板橋用水の下流は、板橋見付付近から小田原の町中の本通りの下を通って江戸口方面への水路と、城下町南側の早川付近から相模湾へと注ぐ水路があるので、春から夏にかけて鰻やずヽ蟹ヽ（もくず蟹）が上がってきた。

大雨が降ると、取り入れ口の水門を下ろして流れを止めるのだが、裏山から押し出してくる泥水が溢れ、洗い場に積み上げた土嚢を乗り越えた濁流が裏庭から床下を抜けて表通りへと川を作り、中庭を池の金魚が浮いているのを掬い上げたことも度々あった。

雨が止むと急速に水が引き、用水の石の陰や石垣の間にひそんでいた鮎やウグイ鰻があらわになるから、いち早く川へ下りて捕る楽しみがあった。夜は夜で、懐中電灯で川床を照らして歩き、石垣の間から出ているずヽ蟹ヽを捕まえる。バケツに二杯も三杯も捕ったこともあり、その夜は茹でて家族で食うのが恒例になっていた。

用水を取り入れている早川は、箱根の芦ノ湖を水源としていると謂れているが、実際には仙石原の湿原地帯からの湧水が多く、木賀底倉堂ヶ島塔ノ沢を、いわゆる箱根の裏街道に沿った箱根七湯の要所を縫うようにして流れ、一方の屏風山から畑宿須雲川の集落へと、旧東海道沿いに流れる渓流須雲川と湯本で合流して水量を増し、相模湾へ流れ込んでいる。全長約二七粁川としては小さい方だが、景勝観光地天下の嶮箱根山塊から城下町小田原へと、急坂を走り抜けるようにして河口へ流れる川全体が渓流といった川相である。

かつては岩のような石が河原のいたるところに散在していて、洪水の度に不気味な音を響かせながら逆巻く濁流の川床を転げていたが、最近は川床の整備で石が小さくなってそうした情景はなくなった。

棲んでいる魚種は、山女魚ウグイ鮎鰻が主で、鮎は天然溯上が多く、友釣りはいまでも難しい川と言われている。

私が友釣りに専念していた昭和二十年代半ば頃は、そうした大岩に良質の水垢を求めて形のよい鮎が付いていた。その頃は囮屋が殆どなく、種鮎は自分で釣って手に入れた。毛鉤で釣るかシャクリ釣りで掛けるかして種鮎を捕るのだが、シャクリ釣りは禁止されていたから毛鉤を使ったドブ釣りか流し釣りしかなかった。流し釣りは昼日中食いが悪く夕暮れ時しか期待出来ないから、日中の友釣りにはドブ釣りで釣る以外にない。従ってドブ釣りがまともに出来なくては、友釣りは困難ということになる。

ドブ釣りは、静かに竿を上下動しながら鮎の食餌性を誘って食わせる釣りだから紳士的で、見た目にはやさしそうに思えるが、水色水垢天候季節等の変化に応じて用いる毛鉤を選ぶ判断と、流れの状態に合わせて自然な動きで竿を操作出来なければ釣れないから、本格的に深めると趣があって面白い釣りである。

箱根の湯本へ向かう南側山裾の崖下に、山の根と呼ばれる淵があった。すぐ上手に発電所の放水路があり、下手には石垣山（豊臣秀吉が小田原攻めに一夜して築城したと見せかけた山）の山裾に沿った早川集落の田への用水取り堰が設けられていたため、豊かな水量を湛え、形の良い鮎が多く集まっていた。ドブ釣りに絶好の釣場で、取り入れ口の崖下に一人だけ乗れる岩があった。腰までの流れを渡って岩に乗り、切り立つ崖に左半身すり寄せて釣ると、必ず大型の鮎がかかったが、見上げるような崖には苔や雑草が密生していて、時折目と鼻の先きを十五糎もある百足や蝮が体をくねらせて通ることもあって、冷や汗をかきながら釣っていた。

その頃、他の川の鮎釣り大会でドブ釣りの部に参加したことがある。その日私ばかりに釣れて、見ていた人達から、あんたが優勝間違いない、と励まされていたが、発表したとき入賞していなかった。「ありゃおかしい、見えない所で二人か三人分一緒にしたな」と影の声が聞こえた。その川ではそういうことが平気で行われていたらしい。仲間で釣って今年は

A君次の年はB君にと、集団で計画的に協力し合ったのではたまらない。主催者側は知ってか知らずか笑顔で賞状を渡していた。考えようによっては大らかな大会と言えるかもしれないが、上辺だけの栄誉心で飾りたい魂胆が見え見えで、釣りの心とはと空しさだけが残り、それ以来釣り大会は無関心になった。

はじめて鮎釣りをしたのは、流し釣りだった。流し釣りは五糎ほどの長さの桐を菱形に削った浮木を横に付けた下に、毛鉤を八本〜十本枝鉤状に結んだ仕掛けを、浅瀬の流心に打ち込んで岸辺へと扇状に引いてくるのだが、学校から帰ると父に買って貰った二間半の竹の継ぎ竿を持って川へ飛んで行った。

ある時は、小便する間も竿を置くのが惜しくて、片手で釣竿を持ちながら用を足していると、そういう時に限って不思議に食った。両方とも途中で止められず、困ったこともあった。釣れる時には二尾三尾一時にかかり、強い引きに合わせて竿を上げようとすると竿が途中から抜けて川へ落ちたこともある。高い毛鉤と値段は安いが子供の私にとっては貴重な釣竿である。衣服が濡れるのも構わず腰まである急流を夢中で追い付き、拾い上げたこと。あるいは空襲警報のサイレンが鳴ると同時に艦載機P51が頭上に飛んできて、竿を放り出して石の陰に身を寄せ、生きた心地がしなかったこともあった。

そうしたことも、川面に身を躍らせて跳ねる鮎の姿を見ながら竿を振り、確かな手応えを感じると総てを忘れてしまう。釣り上げる中空に夕陽を浴びた銀鱗が舞い、手に握ると染まるような芳香である。その繰り返しに知らず知らずうす暗くなって、また一際食いが立ち、まだ見えると思って釣り続けているうちに不意に浮木が見えなくなる。辺りを見回すと、家々に明かりが灯っているのに気付いて慌てて竿をたたもうとするのだが、すでに糸も毛鉤も見えなくなっている。家の明るさを頼りに糸を巻き取る頃には螢が飛び、河原一面鮮やかな月見草が咲いていた。家へ戻ると八時近い。夕食は済んでいるから母は一寸不機嫌になっているが、食糧が乏しく釣ってくれれば動物性蛋白質の補いに食膳へのせられるから口に出しては言わなかった。その気配を察して明日は行くのを止めようかと思うのは、台所に上がって脇にいる祖母と話しながら一人夕食をしている時だけで、朝になって陽が昇りやがて西陽が茜色をきざす頃になると、竿とびくを持って家を出てしまう。卯の花が咲き乱れる堤防に出ると、川面に跳ねる鮎が呼んでいるように思えてならなかった日々である。

盛夏に入ると、鮎は生活圏の縄張りを持ち、激しい闘争心が生じる。そして美しい姿に成長した滑らかな細鱗の肌を彩る山吹色の追い星と、はち切れそうに肥えた白い腹、脂ぎった感触の体から発散する香気と共に、もっとも美味な季節でもあった。

その鮎を釣る醍醐味は、なんと言っても鮎の闘争心を利用した友釣りである。

中学の頃小遣いを貯めてはじめて買った友竿は、糸を巻いたスゲ口を差し込むコミだけが漆塗りで、胴は油を抜いたままの白い竹の五本継ぎ三間半竿であった。値段は割安で雨に濡れると狙いが生じたが、軽くて軟調の友竿は、私にとって宝物であった。

その頃は、前に述べたように自分で種鮎を釣ってから友釣りをはじめるのが通常だったが、その他に種鮎を借りて釣れたら返す方法もあった。借りたら元気な野鮎を返すのが仲間内でも礼儀で、死んだか疲れてぼろぼろになった鮎を返したり、あるいはそのまま知らん顔の釣人はいなかった。

釣る姿は長袖Yシャツに半ズボン、手甲に黒い長靴下、足袋にわらじ履き、麦わら帽子を被って照り付けるとその下に手拭いで頬かぶりするといった身支度である。スキヤーのようなタイツやウエイダーを履き、ポリプロピレンやダクロンのシャツ、メーカー名入りベストを着てキャップを被り、十米三百瓦を切るまでに勝れたカーボン素材の釣竿といった道具立ては、思いもよらない時代であった。

しかし、全川渓流といった川相の早川に育ったその頃の鮎は、巾広で力強くて香りが高く、まさしく天然遡上した惚れ惚れする姿の鮎ばかりであった。

元来、鮭と共に清流にしか生息しない鮎は、香りが良いために香魚とも言われるが、そればかりでなく、優雅で華麗な姿であり、古くは神功皇后三韓遠征の祈りや神武天皇東征の砌に武運を占ったと伝えられ、さらには天皇即位大典に用いる萬歳旗の赤地錦にある鮎の姿といい、頗る縁起の良い魚である。

また、春生じて夏長じ秋衰えて冬死す、故に年魚と名付く、ともあるように、鮭の一生よりも短く儚い命である。それ故に生きる姿の果敢さと叡知は、孤高の釣師の姿に似て川の釣魚の王と譬えられ、その味覚と共に粋人好みの魚でもある。

かつては狐火が出ると噂され、夜は人が近付かなかったほど人家は少なく、生活排水への憂いもいまほどなかった早川沿いの田圃には住宅が建ち並び、小田原厚木線、西湘バイパス、箱根ターンパイクと、次々に道路が出来て京浜地方をはじめ車の便が良くなった。さらには小田急ロマンスカー、東海道新幹線が走る時代となって、釣人の足はますます便利になり、鮎の魅力への親しみは身近に高まるばかりであるが、早川の川床は随所で改修整備が続き、自然の大石があった河原の面影は消えていく。

生家の北裏側を流れる板橋用水もコンクリート化されて、U字溝の中を流れるような川床に魚たちがひそむ余地はなくなった。

裏庭にあって、春夏は緑の傘となり、秋には彩りの後の木枯らしに吹雪と化していた欅は既に処分され、数年前に母は他界、父は鮎釣りを出来る状態にはない。私は会社を辞めて釣りを素材とした小説を書く合間に、鮎を釣る暮らしに移っている。人は去りあるいは老いて行くが、川の流れは淡々と変わりなく、今年もまた早川堤に桜が咲いて散り、薫る緑と共に鮎の季節である。

一九九六年（平成八年）七月十三日（土）

出世魚

魚の呼び名には、それなりの由緒がある。夏の風物として人気がある鮎の字は、神功皇后が新羅遠征に赴く途上、縫い針を曲げ、裳裾の糸を抜いて結えた仕掛けに飯粒を付け、川岸の岩の上に立って「この戦さに勝つなら魚が釣れますように」と願いを込めて流れに餌を投げ入れたところ、アユが釣れた。魚と占うで、鮎の字になったといった説がある。

新井白石説によると、アユのアは小、ユは白という古語で、形が小さくて色が白いのでアユと呼んだという。

その他、鱗がごく細かいところから細鱗魚。春川に生じて夏大きくなり、秋に衰えて冬に死ぬ一年の生命から年魚。すこぶる香りがよい魚で香魚ともいう、

同じ川魚のウグイは、鵜が食う魚でウグイ。常に中層から水面近くを遊泳していることか

ら浮いている魚、浮魚とも呼んでいる。婚姻色に体が赤くなるのでアカハラ・ハラアカと呼ぶ地方もある。

また、イワナは大岩のある川に棲む魚ということから岩魚と書く、ヤマメのメは、称呼の下に添える語で山魚の意味。或いは美味で清流に棲む清楚感から山女・独身女とも解されている。体表に小判形の斑点があることから、マダラと呼んでいる地方もある。

キスには、シロギス、アオギスなどがあるが、清楚、温和、淡白な味ゆえに生直《きす》の字義からであろうといわれている。九寸（約二十七糎）以上は鼻曲がり、一尺（約三十糎）を越える大きさになると寒病《さむさやみ》・寒風と呼び名が変化する。

ハゼは、産まれたばかりの当歳ものをデキ、三歳以上になるとババァと呼ぶものもある。

関西ではチヌと呼んでいるクロダイは、体長五十糎に達するが、五〜六糎の幼魚を東京方面ではチンチン。三十糎内外までの若魚をカイズなどと呼んでいる例もある。

スズキは体長一米にもなるが、二十五糎位をセイゴ・セエゴ。三十五糎ほどに成長したのをフッコ。約五十糎以上の成魚をスズキと呼んで、ボラなどと共に、大きくなるに従って呼び名が異なるので、出世魚ともいわれている。

体長一米に達するブリは、脂肪が多いことからアブラといったのがブリに転訛したともいわれ、成長するに従って呼び名を異にするので、ブリもまた出世魚に数えられている。十〜

二十糎位のをワカシ・ワカナゴ・ワカナ。二十～四十糎をハマチ。三十～四十糎になるとイナダ。五十～六十糎に達するとワラサ。八十糎以上をブリと呼んでいる。

ボラは体長八十糎にも達するが、腹太の意味であるといわれている。また、成長するに従って呼び名が変化するところから名吉《なよし》ともいい、出世魚の代表的な存在で、正月行事の祝魚に欠かせない地方もある。幼魚をオボコという。産子の転訛で三糎以下をいい、三～六糎位をイナッコ。六～十八糎位になるとスバシリ。浅い砂地をす速く泳ぐ表現から州走り・簀走《すばし》りとも書いている。二十～三十糎になるとイナ。川から水田にも入るのでイネウオ・イナウオからきているといわれ、三十糎以上になるとボラと呼ぶようになる。五十～六十糎になる十歳以上の大物はトドと呼ばれて、これ以上のものは姿が見えなくなるので、とどのつまりは天上に達する、という意味合いからといわれている。

魚名の語源は、魚の特徴などによる処が多く、興味は尽きない。

二〇〇七年（平成一九年）一月二〇日（土）

釣り夜話

魚が大層うまくなるのは、ひんやりとした秋風が吹きはじめる頃からだが、冬の海水は地上の気温より暖かく感じ、釣れた魚体に触れてもそうである。

しかし、寒風の中の釣りは気がすすまず、余程の凝り性でない限り、釣りをはじめるのは、やや暖気が加わる春先になってからが多いものだ。

海が穏やかな春から夏へと移り、梅雨の頃になると鮎釣りの季節になる。鮎は、川が清らかであるかどうかのバロメーターとして、鮭と共に目安とされているのは、古来からのことである。

英国では、鮭を川魚の王と呼んでいるが、日本では鮎ということになろう。従って、梅雨が近くなると釣人の目は鮎釣りに向いていているから、海は割合空いている時期である。

その季節になっての海釣りのなかでも、エイ釣りは譬えようもないくらい面白いらしい。なにしろ、形や大きさも座布団ほどの魚が引っ掛かるのだから、釣り上げるのにも大変な苦労がいることだし、釣り上げてからも尾に強烈な毒を持っているので、渚に引き寄せた時鳶口で引っ掛けて砂浜に引きずり上げることでもしないかぎり取り込めない。特に雨後の夜釣りといったら、涎が出るほど釣り時だった。

この話は、長年川釣り海釣りに限らず、なんでもこなしていた老釣師からきいた、エイの夜釣りに行った時の話である。

梅雨は一般的にそうだが、家の中にいるとじめじめしている。浜辺の涼しい風に当たっている時の心地良さを思い浮かべ、思い立って夜釣りに出た時のことである。

エイを釣る場所は、大体大川尻の真水と海水が交わる場所がポイントだが、魚がいる場所というものは、広い海の中でもほぼ決まっているものだ。沖に見える島影の右十米の方角を見定めて五十米投げた場所といったように、釣れたポイントは忘れずに必ず覚えておく必要がある。そういう場所を何か所か記憶しておいて順に探りを入れていけば、たいてい当たるものである。魚も人と同じように居心地が良い所と悪い所とがあるようだ。そういうふうにして釣るのだが、その晩はどうした訳か、いくらポイントをさぐっても、一向に当たりがない。投げ釣りの仕掛けに、餌のドジョウの首を切って釣鉤に刺し、鉤元で止めて細い糸でしばってあるから、いつもと同じである。たまに当たりらしき手応えを感じるのだが、根掛かりばかりだった。

もともと座布団の大きさほどの魚を釣るのだから、掛かった時には根掛かりでもしたのではないかと思うような感じの手応えである。しかし、魚も生き物だから鉤が掛かれば痛いわけだ。そこで動揺するから掛かったことが分かる。感の方はまだ耄碌していない自信があるから、ポイントの選定も間違いなかった。

遠い半島には点々と明かりがちらつき、島影も見えていた月夜だったが、いつの間にか空は薄墨を流したような色に変わり、うす気味悪い情景へと移っていた。

そのうちに、しとしとと、細い雨が降り出してきた。いつもなら左右を眺めると、夜釣りの仲間がいて、ちらつく懐中電灯などの明かりで心強く思えるのだが、その夜に限って誰も見当たらない。

波打ち際から急に深くなった海岸だから、戦時中は米軍が船を近付けやすい。上陸してくるのではないかと警戒していたこともある。浜辺を打つ波は、いつも荒いのだが、その日は静かすぎる位で、遠くできこえる鉄橋を渡る夜汽車の音や、等間隔に打つ波の音をききながら涼しい風に当たっているうちに、引き込まれるような眠気を覚えた。

「いやな晩だよ」

こう思いながらも、釣れずに帰るのは面白くない。暗い灰色の海を、じっと見つめて当たりを待っていると、道糸が伸びている先辺りに、いつの間にか白い物体が波の間に見え隠れしているのに気付いた。

「おやっ?」

と思っているうちに見えなくなったので、気にしなかった。

丁度、炭俵ほどの大きさに見えていたと考えながら、道糸に引っ掛かっては困ると考えていた。

その時、竿先が引き込まれ、ずっしりと重くなった。

「してやったり」

ようやく掛かったと思い込んで竿先を後方へ引き、リールを巻いた。

手応えを感じていると、不意に、ふわっと竿先が軽くなった。

「波打ち際に向かって走ってくる」

気ぜわしくリールを巻き取っていると、また重くなった。

波が打ち寄せる度に陸の方へ寄ってきては、引く波にまた沖へと戻っていく。竿先はその度にしぼられていた。

幾度か繰り返しているうちに、見失った白っぽい物体が見えた。そしてはじめて、鉤はその物体に掛かっていることを悟った。

こんな物を海へ放り込んで迷惑だといらいらしながらも、きっと犬かなにか動物の死骸の始末に困り、俵に詰めて流したのだろう。こう考えて釣竿を砂浜に立てて、いましも打ち寄せる波にのってくる物体を待ち受けて近付くと、釣鉤は手前の部分に掛かっていた。

鉤を外すかテグスを切ってしまうほかはない、と判断して手を伸ばした時、突然、横になっていた物が縦位置に変化した。そして、白っぽい布をまるめたような中身が見えた。なに気なく覗くと、まっ白い顔が、それこそ魚の目玉のように光る丸い目で、じっと見ていた。

声も出せずに息をのんで見つめていると、波が引いていくのに従って引下がっていく。リールはきりきりと音を立ててテグスをくり出していく、
気味の悪さで釣竿のところへ戻り、テグスを切ろうとした。その時、次の波が打ち寄せる音が背後からきこえてきた。ふと気になってふり返ると、人の姿が立ち上がって、それこそ音もなくこっちへ向かって歩いてくるのが目に入った。

とっさに、釣れたエイを引き上げるために持ってきた鳶口をと、身を守る武器を捜したが、慌てているために、ある筈の鳶口がいつも置いてある場所にない。道具箱近くの懐中電灯を

とっている余裕など全くなく、腹這いになって手さぐりで足元をさがした。運よく手にすることとが出来たが、その時は濡れた白い人間は目の前にいる。そして、まさに取り付こうとしていた。

無我夢中で鳶口をふり回した。手応えはあったが、覆いかぶさってきた。払い退けようとあがいているうちにどうしたものか不意に離れたかと思うと、海岸沿いに東の方角へ走り去っていった。それこそすっ裸のように見える人の姿が、髪ふり乱して走っていく。夢の中にいて、まるで走馬燈でも眺めているといった感覚のあと、ほっとして、われに返ったのだが、全身汗びっしょりかいていた。

全身濡れていた。現実とも夢の中の出来事も判断つかない状態の中で、取り付こうとした人の姿が覆いかぶさった時に濡れたものとも思えた。それにしても去ってよかったと思うと、ぞくぞく寒気がしてきた。

早々に釣竿を片付けていると、音もなく降っていた雨が篠つくような土砂降りに変わっていた。

翌日、熱が引かずに会社を休んだ。ぼんやりして一日を過ごし、夕刊を見ていると、地方記事の中にK川尻に近い鉄橋の下で、全裸に近い男の死体が発見され身元を調査中と報道されていた。

その瞬間、なぜか「ああ、これだな」と、直感した。

それにしても、男が死ぬのは余程思い詰めた結果であろうと思う。なにか事情があって死ななくてはならなくなったあの人には、すでに死神が取り付いていたのだろう。それが生きている人間に見られたため死ねずにいたのだろうか。気の毒なことをしたと、まだ熱っぽい頭の中で思わず手を合わせた。


以上が話の内容である。

釣りは他人に迷惑をかけることもなく、孤独の世界に浸り無心になれる場でもある。無心になることは、無我の境地とも表現する人もいる。無我の境地とは、われを忘れることであるというが、反面自分の感情などを白紙の状態に置いた中で、次から次へと過去の出来事など思い出に耽ることも出来る境地ではないかとも思う。

釣師の話が本当の体験談だったのかどうかは、その場に一緒にいたわけではないから分からない。しかし、古武士のような風格を備えた雰囲気から推測しても、長い釣歴を経た無我の境地から想像して作り上げた話とは思えなかった。

二〇〇三年（平成一五年）五月一日

砂を食う鮎

仲秋になると、川の中流から下流の砂礫場に雄雌が群れて産卵するアユは、春生夏長秋衰冬死、殆どが一年で生命を終るところから、「年魚」と書いてアユと読んでいる。他説には、神功皇后が武運の占いに用いた魚という史実から、「鮎」と書くようになったといわれている。川で孵化して海へ出た稚鮎は、翌春ぬるみはじめた清流を溯上してくる。活気に満ちた川の妖精とも譬えたい若鮎を見守っていると、春の訪れを覚え、胸が弾む思いがするものだ。初夏の風を肌に感じる頃、成長した鮎は石に付着した硅藻類を主食として、小範囲の勢力圏（ナワバリ）を作って生活するようになる。鮎釣師待望のシーズン到来である。

近頃は、環境保護に対する沿岸住民の常識レベルが向上した成果が現われてきて、水質汚濁が減り、水中の鮎の姿が見えるようになった。

同じ川（自宅近くの早川）について長年観察していると、洪水や河川の整備工事などで川相が全く変貌しない限り、成長した鮎のつき場は毎年決まっていることがわかる。その年の気温、自然環境の変動によって餌のつき加減が異なるから、体長こそ一定しないが、河口から三百米上流東海道新幹線鉄橋下の深み、さらに一粁上流の県道の橋の下の澱みからトロ場へかけて、あるいは上流集落境の袖堰堤脇の瀬等、フィッシュ・ウオッチングしてみると、決まった流域のか所に毎年同数程度の鮎の姿を見ることができる。親から受け継いだ遺伝的な本能の働きによるものか、親たちが育ち棲んだ川に生活圏を設けて産卵に備え、成長する習性があることがわかる。

釣師が「川を知れ」といわれているのは、その川の鮎が定着する場所を知らなければ、良い釣りが出来ないからである。

このようにして観察してみると、鮎は川によって体形が異なることもわかる。

白泡を巻く急流に棲息する鮎は、背高く比較的肉厚がうすい。川魚の王にふさわしい見事な姿態に整っていて、流れに対して泳ぎやすい形態になっていることがわかる。水勢によって石に付着する硅藻も良い状態になるから、砂も食っていない。水流がゆるやかな川に育った鮎は、円みを帯びた鯉のような体形を示し、硅藻に砂が混じりやすいから砂を食っているものが多い。

いずれにせよ、平常時の鮎の行動は、大体定まった行動をしていることが、フィッシュ・ウオッチングに心がけているとよくわかってくる。

しかし、異常気象の前後は別である。洪水の際の体験によると、出水前に釣った鮎の腹の中には、普段認められないほど多くの砂を持っていることがあった。異常気象の発生を予知した鮎が、わが身に敢えて重量をつけ、流されまいとする努力としか思えない行動の現われであると思う。その後に襲う台風などによる出水によって、川幅一ぱいの濁流にもまれた鮎たちは、泥水に酔いながらも流されまいと水心をさけて岸辺に集まるが、砂を含んだ努力も空しく押し流されて海へ下降する。

やがて台風が去り、水量水色ともに落ち着きはじめると、早くも溯上を開始する。硅藻がつきはじめるのは約一週間を要するが、生きた心地もなく濁流にもまれて海へ流された鮎は、空腹をかかえて必死に溯上してくる。その時、友釣りは絶好のチャンスを迎える。

ある時、入れがかりに大鮎が釣れ続けたことがあった。

通常その川で用いる掛鉤は、八・五号乃至は九号であったがその時は心許なく、十号矢島型を用いた。釣れる鮎の体形は、いつも棲息している鮎の姿態と異り、頭部は小さめで幅広肉厚な、ずっしりとした手応えで力強い野武士のような感じをうける鮎であった。餌が豊富な大河で育った鮎であることは、一目瞭然である。餌が着きはじめたばかりの餌場を、必死に守ろうとする戦闘的な行動のため、追いが良かったこともあるが、数えてみたら百尾を越えていた。

最近では治水工事が行き届き、堤防が決壊するほどの出水もなく、そうした例は見られなくなったが、異常に増水した各地の河川から海へ押し出された鮎たちは、沖合いで交り、いち早く澄みはじめた川の水を嗅ぎわけて溯上してきたとしか思えない現象であった。

魚類の中では、ウナギ、ナマズが異常にあばれ騒ぐ、穴から出て多量に姿を見せるのは、大地震の先行行動として知られている。

鮎が異常移動する、季節はずれに大漁であった等、異常行動を示した例も意外に多い。

関東大地震（大正十二年、M七・九）が発生する四〜五日前に、多摩川で大量の鮎が捕れた。一日前には荒川、酒匂川でそれぞれ思わぬ大漁。また、二時間前には相模川で多量の鮎が捕れた。

福井地震（昭和二十三年、M七・三）については、三〜四時間前に九頭竜川で多数の鮎が捕れたという異常行動データが残っている。

華麗に、そして優雅な気品と香りで釣師を魅了し続け、秋冷と共に錆びて衰え、去って行く鮎は、武運の占いにはじまる歴史的存在から、異常現象を予知する能力を有する神秘性を秘めた魚である。

考えてみると、鮎とつき合って三十年以上になる。その間に無意識のうちに鮎の存在が生活の季節の中に定着し、フィッシュ・ウオッチングしていたことに気付いていた。

魚の地震予知

古代ギリシャの哲学者アリストテレスは、人間や動物には聴覚・視覚・嗅覚・触覚・味覚の五感があると書いている。その他にいわゆる直感的にひらめきを感じる「勘」といわれている第六感は超感覚とも呼んでいる能力がある。

同じ地球上に棲む動物・昆虫・魚類等と同じ生き物の人類が、山野・河川などに棲息している他動物たちと同様な生き方をしていた頃の先史時代には、常に平等に恵みを与えてくれている自然が、突如として豹変する天変地異発生予告信号を動物や魚類たちと同様、超感覚によって感知し身を守ろうとする行動が可能であったにちがいない。しかし、文明・文化・科学などに頼りきっている現代生活の中では、他の生物たちのように異変の先行現象を察知出来なくなったのが実態ではなかろうか。

平成二十三年（二〇一一）三月発生した東北地方の災害に対して、関係機関は「想定外の出来事」と公言しているが、自然界の計り知れない脅威の大きさを予知不可能への言い訳か、あるいは歴史上の記録に残る実例「明治二十九年（一八九六）発生M七・一三陸地震津波は、北海道より牡鹿半島に至る海岸に襲来、死者二万七一二二人、家屋流失全半壊八八九一、船の損害七〇三三、波高吉浜二四・四メートル、綾里二一・九メートルなど。津波はハワイ、カリフォルニアに達した。最大波高三〇メートル以上。昭和八年（一九三三）発生M八・三三陸地震津波では、太平洋沿岸を襲い三陸沿岸で被害甚大。死者三〇〇八人、家屋流失四九一七、倒壊二三四六、浸水四三二九、船舶流失七三〇三、波高白浜二三メートル、綾里二五メートル、最大波高一〇〜二〇メートル（『理科年表』東京天文台編纂）」などを防災対策に反映することもなく、現代の科学技術を万能と過信して、自然の驚異を無視乃至は軽視した人たちの思い上がりとしかいいようがない。

人間の文明がいかに発達しても「損なうことなく、依然として失わずにいる超感覚を具えた他の生物の動向・素振り・行動などの情報」をいち早く察知し、自然現象の異変を知ることも、人類が身を守る一つの方法ではないだろうか。四方海の地形の日本は、特に魚類と密接な関係を持っている。魚たちが勝れた機能を有していることは周知の通りだが、存命保身の術ともいえる行動の証しに、次のような具体例がある。
○文化七年八月M六・○　羽後地震。二カ月前八郎潟でボラが多数死んだ。
○明治二十四年十月M七・九　濃尾地震。三〜四日前愛知県楽田村。水がない田からドジョウが多数出現した。
○明治二十九年六月M七・一　三陸沖地震津波。津波発生前宮古湾海岸一帯多数のウナギが集まり二〇〇匹も獲った人がいた。一二時間前下閉伊郡でマスが多数川をのぼった。
○大正十二年九月M七・九　関東大地震。一カ月前川崎市の水田や小川でナマズが異常繁殖。前日鵠沼でナマズが大漁三十糎がバケツ三杯もとれた。前日横浜帷子川下流で無数のウナギが石の間から首を出した。前日酒匂川でアユが大漁。相模川では二時間前ごろからアユ・ハヤなどの魚が川の淵に多数打ち寄せられた。
○昭和二十一年十二月M八・一　南海地震。直前高知市海岸にイルカが多数海岸近くに出現。二〜三週間前高知長浜川でナマズが多数とれた。
○昭和四十三年五月M七・九　十勝沖地震。十三日前釧路沖で深海魚シギウナギがとれた。
○昭和五十三年一月M七・○　伊豆大島近海地震。二十二時間前松崎町でカニが二十〜三十匹浮き上がった。六時間前富戸でキンギョが水槽から飛び出した。
○平成七年一月M七・二　阪神大地震。前日神戸海釣り公園前方海面がポコポコ泡が出て魚が釣れなくなった。

安政二年十月江戸地震M六・九　地震前の様子が『安政見聞誌』に次のような内容が書いてある。「本所永倉丁（町）篠崎某なる人遊魚を好み、十月二日夜ずゞことというものにて鰻を捕らんと河筋所々あさるに鯰《なまず》騒ぎ鰻一つも得ず鯰三尾を得て思うに、鯰が騒ぐ時必ず地震が有るということに気付き漁を止め、帰宅して庭に筵を敷き家財道具を出して異変の備えにした。妻は笑っていたが、しかるにその夜地震となり、住居はことごとく潰れたが諸器物は損わなかった。また同じ夜、近所の人も漁に行って鯰が騒いでいるのをみても帰宅せず、獲物も少ないうえ、家の中の家財道具残らず揺り崩し深く悔しがったが、篠崎氏はその心さとく難を脱したことを世俗は俗談といっても、よく心付いたのは一條の徳にして、油断したのは我が過ちなりと話した人がある。これらは自然の道理で地に変動ある時は、鯰の騒ぎ動くことがある。いずれにしても前述の現証を見て後世の鑑となる、とここに記す」

その他地震予知の条件として、ローマの作家で博物学者だった大プリニウス（紀元七十九年のベスビオ火山噴火で遭難）は、前兆として四つの現象を指摘している。

一、家屋がかすかなきしみを出す

二、動物が興奮した行動を見せる
三、泉の水が濁ったり悪臭を発したりする
四、独特な霧が発生する
地震の前には奇妙な霧が出て太陽の光が弱まる現象は、アリストテレスも地震の前触れだと書いている。

現在、日本では地震予知出来るかもしれないといわれている地域は限られているようだが、推進中の科学的予知の手段と併せて、魚に限らず動物・植物・気象等に生じる先行現象に注目しても無駄ではない。いずれにせよ、いつ発生するか予測出来ない自然災害から保身と被害減少を計ることは急務であろう。

二〇一一年（平成二三年）一一月一二日（土）

釣りの話

およそ、釣りをするというと、太公望といった表現が釣人の代名詞の如く用いられている。しかし、縄文期頃からの釣りに関することを調べていくうちに、太公望という人物は、魚釣りはあまりうまくなかったのではなかろうか、といった思いがする。

ご存知かどうか、太公望は真っすぐの鉤を使っていたので、釣れるはずがないと、愛想つかされて女房に逃げられた。あるいは鉤を付けず、餌も付けずに釣っていたので、あんな人とは付き合いきれないといって、女房は逃げてしまったとか、いろいろな説がある。

実は、真っすぐな鉤でも魚は釣れる。

江戸時代に書かれたと伝わる『何羨録』の中に、ウナギ穴釣りがあり、『魚猟手引種』という同時代の本の中にも、ウナギの釣り方に穴釣りというのがあって、細い竹の先に地獄鉤を付ける仕掛けを紹介している。

地獄鉤というのは、真っすぐな針の中間に糸を結んで、みみずを刺しておくもので、水中のウナギがいそうな川の石垣の穴などに差し込み、ウナギが食った時竹を取り除き、十分みみずをのみ込んだ頃合いをみて糸を引くと、針はウナギの口の中で直角になり、喉に引っかかって外れなくなるといった釣り方である。

箱根湯本三枚橋上流の湯本、塔ノ沢。細い川でウグイ、アカハラ、ウナギの類を釣り、早川のウナギは極上品であるとも、同じ本に書いてある。下流の早川、板橋地区でも、戦後にかけて、昼間ウナギ穴釣り専門に続けていた初老の釣人がいた。その人は、竹の代りにコウモリ傘の柄を用い、空洞になった中に糸を通して、先端に真っすぐの針を付けて餌はみみずを使っていた。針の中央に糸を結んだ仕掛けで、ウナギがいそうな川の中の穴や大石の下へ差し入れて、ウナギが食うとコウモリ傘の柄を引いた。餌をのみ込んだウナギの喉に直角になった針が引っかかる、という仕組みで、江戸時代の頃のウナギ穴釣りと殆ど変りない。

その後、ウナギが少なくなったためなのか、初老の釣人が体調を崩したのか定かではないが、五、六年続いていたが姿が見えなくなった。

最近、川尻に細いウナギの子が川へ上がってくるのが少なくなったときいているが、私たちが子供の頃には、麻糸ほどの太さで五〜六糎ほどの長さのウナギの子が、旧早川橋の川尻近くの浅瀬の石の間を小さな群れで、上流へ向かって細い体をくねらせながら泳いでいたのを何年も見た記憶があった。しかし、最近ではおそらくウナギ穴釣りをする人はいないだろう。見たことがない。

太公望が釣っていた時、真っすぐの鉤で釣っていた、といった話があったが、それに対して、幸田露伴は、やはり太公望は真っすぐな鉤で釣っていたのではなかろうか、といっている。それには、根拠的なものがないとはいい切れないものがある。

釣鉤の形の発達の流れには、古代人がモリを使って、突き刺して魚を捕っていた、いわゆるモリの文化期から木の枝、鹿の角などをそのまま用いていたのではなかろうか、と伝えられる「レ」の字型からはじまって、骨を鉤型にくり抜いて作っていた頃の「し」の字型、あるいは「L」字型に改良され、現代へ結び付く「し」の字型に、結局定着したのではないか、といった流れと、当初の鉤型は両端の先端が鋭く尖った真っすぐな直針型の釣鉤から、中央を捻った型に変化した後、中央を折り曲げて両軸を合わせて二本錨型に変化させた後一本に分離して、「し」の字型に定着したのだろう、といった二つの発達説がある。

従って、太公望が真っすぐな鉤で釣っていても、ウナギの例をあげるまでもなく、不思議ではなかったということも成り立つわけである。

太公望が釣りをしていた時の、もう一つの話の中に、鉤が付いていなかったのではないか、といった内容があるが、実のところ、鉤を全く使用しないで釣る方法は、現代にも残っている釣り方がある。

ウナギのづゞご釣りがそれである。文政年間に城東漁父著『魚猟手引種』の中に、説明している仕掛けは、みみずを木綿糸または麻糸で縫うようして十四ほども通し、つなぎ目を一つに集めて輪のように作る。珠数子のウナギ釣りと称して、四、五尺の竹竿の先に結び付けるだけの仕掛けである。鉤はいらない。

ウナギが食い付くと、水面すれすれに大ざるを近付けて、ざるの中へ入れ込むという具合である。ウナギのほかに時折モクズガニも釣れることがある。

江戸時代には、大ざるに入れる前に玉網（タモ）を持っていて、玉網の中へウナギを取り込んでからざるに入れた。ざるは大小一組で小さなざるを大きなざるの中に入れ、小ぶりのざるの底に穴を開けておく。そこからウナギが下の大ざるへと入るようになっていたと、江戸時代の『釣客伝』という本には書いている。

太公望という呼称は、本名ではない。

性は姜《きょう》氏、名は呂尚《ろしょう》という。およそ二千年以上も前の話だが、周の太公に釣りをしているところを認められて、あれは大した人物ではないかと、麾下に抱えられた。その後、武王に加担し、殷《いん》の国を亡ぼして周の国の天下にしたという賢人であると伝えられている。また、『六韜《りくとう》』という兵書を著した人物でもある。

当時、釣りをする人に対しての認識はというと、二百年、三百年前までは、釣りをしていると、なにか腹の中にある人物である。まわりの人の見方も、何を考えているのか分からないが、なにか大きなことを成すであろう人物が釣りする人であったようである。

特に中国についてのことは、西園寺公一氏が、『釣魚迷』を書いているが、釣りをしている人間というものは、仙人に近い人物だといっている。要するに、大きい人間が釣りをしていたという意味のことを、司馬遷も『史記』に書いている。

そうはいうものの、歴史の見方については、大層難解で、一概に決め付けられない面を持っていると思う。

私はある時、歴史小説大家の榊山潤先生に歴史上の人について尋ねたことがあった。一人の人間を調べていくうちに、その人間についての内容が三説、それももっともらしい考証もあって、どの説が正しいものか、どれを取ったらよいのか、直接質問した。

榊山先生は、その中の二つがほぼ合っていたら、それをよしとするしかないだろう。その時代にその場に居合わせていたわけではないのだから、何を信じるかという判断資料を持っていない。書こうとする者が、判断する以外に方法はない、ということを答えてくれた。

人物の場合に限らず、一つの事柄をいろいろと読んでみても分るとおり、著者あるいは編者によって、それぞれに見解を異にする場合がある。どの話が正確なのかは、その場にいないから、分らないということが当然であろう。

太公望のことについても、いまから二千年も前に司馬遷が書いた『史記』の中に出ている事柄で、さらにそれ以前の七百年ほど前のことを盛り込んだ内容である。太公望のことについては、真偽のほどは定かではないというのが、正直な感想と思う。

世間一般の理解としては、太公に望まれて賢人になった。つまり立派な人物になったということで、太公望と称されたもので、決して魚釣り名人であったとは思えないのである。

ある時、某出版社から、太公望について書いてくれといわれたことがあった。結局迷って書けなかった。というのは、釣りがうまいかどうかの判断という意味で、出版社の方は太公望という言葉が持つ意味見解を書いてほしかったのである。世間ではおおむねそのような受けとめ方をしているから、出版社の考え方は無理ないと思ったが、書く方にとってはいいかげんなことはいえないから、断った次第である。

それから後に日本の神話時代が来て、海彦山彦の話が出てくる。それよりはるか昔のことだから、本当のことは明言出来ないと思うので、さらに後年になって、恵比寿様の話がでてくるのは、古墳時代になってのことだ。

恵比寿様は、日本の釣りの神様のような存在で、竿で釣った魚を抱えている姿が、一般的である。

しかし、いろいろと調べているうちに、その頃のタイ釣りは、手釣りだったのではないか、といった思いにつき当たった。竿で釣ったのはマダイではないといった説があり、釣ったとしたらクロダイではなかったかという。また一方では、スズキだろうというのが、定説だともいわれている。

要するに、美保の関辺りでは、昔からマダイは竿で釣らないということで、現代でもマダイを釣るにはやはり手釣りでやっているのは周知のとおりで、竿で釣るのはクロダイである。かといって、恵比寿様が釣りをしていた場面を見ていたわけではないから、それも真偽のほどは分からないといったことの方が、正直な話であろう。大国主命の第三子だった恵比寿様ですら、そのような次第で、太公望の存在はそれ以前である。どれが本当なのか分からないということである。

大略的ないい方をすれば、釣りをしていたところを太公に望まれた人物のことから、釣りの先祖ともいわれ、釣の神様とも理解されている。本格的な釣師であったのかどうかは、別な話ではないかと思う。

江戸時代には釣りが盛んになり、魚種別の仕掛け、釣り方、釣りの心得など、釣り全般にわたる著書が出版された。

なぜ盛況を呈したかというと、戦乱の世が終焉し平和な時勢へと移ると、武士という職業は不要になったため、武士階級は生活が苦しくなってきた。長男は跡継ぎだから、どういう時代でも真面目に跡を継いでいれば食える。しかし、二男、三男は就職する先がない。その当時の侍が転職した先を調べてみると、姿形のよい人は役者になり、声のよいのは歌うたいになったりしている。そういう人ばかり揃っているわけではないから、あらかたの人は、分家出来るほどの金もなく、婿へ行くことも出来ない人たちであった。暇があっても小遣いがない。釣りをしていればたいして金はかからず、誰にも迷惑をかけることなく楽める、ということから釣りが盛んになっていたのである。

その頃の庶民は、商売が忙しくて釣りなど贅沢な道楽として手を出さなかった。それに徳川時代は、武士でなくては魚釣りをしてはならないといった、禁令があった。特にアユの友釣りは、相手を挑ませて釣るといった勝負の世界といった考え方であろうか、武士だけの釣り方と制限があった。

釣りに限らず、高知の例を見ると釣鉤を作るにも、身元が確実な者という條令があった。

明治の頃までその制度は続き、身元保証人二人付けて国へ願出を提出して承諾を受けて、はじめて釣鉤作りが出来るといった内容が生きていた。

従って、釣鉤を作るにしても、釣道具を作るにしても非常に難しい時代があった。

そのような時代の中で、何故釣りが盛んになったかというと、藩士の二男、三男は教養が身に付いていることもあって、よりよい道具を作りはじめた者がいた。友人に頼まれて作っているうちに、金持の隠居や粋人が評判を聞きつけて注文しはじめた。中には贅沢で暇がある人たちの道楽となっていった。釣りは面白いことも体験出来ると、さらに上等な道具を欲しくなって、金に糸目を付けずに竿を注文するようなっていったのである。

竿作りが職業として成り立つようになったきっかけは、そうした時勢の背景があったがゆえで、いまでも伝わっている台東区稲荷町にある「東作」が、関東で釣竿作りの始祖といわれているわけである。東作もまた、紀州藩の侍の出身である。

釣竿や釣道具作りの元祖は、侍の出が多いのは、そうした要因があったからでもある。

北陸の金沢の加賀藩は、犀川といった有名な川があり、鮎がよく釣れる。鮎を釣る毛鉤作りを藩主が藩士たちに奨励し、それで得た収入で生活出来る職業化を計ったと伝えられている。

てんから釣りという釣り方がある。毛鉤が川の水面に落ちるか落ちないかの間合いに毛鉤を引き上げ、再び打ち込むくり返しの釣り方で、そのてんから釣りが加賀で流行っていた。いまでは山女魚、岩魚釣りの毛鉤釣りに生かされているてんから釣りがあるが、そのほか加賀の毛鉤は、現在でもアユ毛鉤として、加賀鉤が伝統工芸となって伝わっている。

四国の土佐にも、ずっと続いている釣鉤作りの話がある。

土佐には、広瀬丹吉というすぐれた釣鉤を作っている人がいた。

釣鉤作りには、たいして道具を揃えることもないし、作業場も広くはいらない。資本もあまりかからない、いわゆる鉄鉤であったから、技術さえ会得してしまえば、誰もが取りかかれる仕事だった。現代も土佐の「丹吉鉤」と呼称され、すぐれた評価を得ている。

江戸時代の後期、その技術を習得しようとした人がいた。しかし習得しようにも、門外不出の伝承技術である。そう簡単には教えてくれるものではなかった。なんとかして技術を盗むほかはない状態にあった。

当時、製鉤技術を盗むということは犯罪として扱われた。いわゆる警察沙汰になるわけである。製造元の技術が普及すると、土地の特産品としての価値も低くなることもあったのだろう。

製鉤技術を取得したいと考えていたのは、播州（兵庫県）の小寺彦兵衛だった。江戸時代に飢餓が続き、庄屋を務めていた小寺家の息子彦兵衛は、村民の収入を得るために、資本はあまりかからず、場所も家の中で出来る鉤作りを計画したのである。鉤作りを正面から頼み込んでも教えてくれるはずはないと見込んだ彦兵衛は、四国に渡って広瀬丹吉の家の前で、行き倒れのふうを装い、助けて貰って入り込み、技術を教えて貰うことになったという。一方の話には、四国四十八ヶ所の札所めぐりに行って、その風体で家の前に立って鉤を見せてくれといって、鉤を盗んで持ち帰ったという内容もある。後に鉤を盗んだことが分って、国許へ警察官が追いかけてきて捕まったという話も伝わっているという。

　いずれの過去歴があったとしても、播州の彦兵衛鉤として、いまでも主に海釣り用として、ピアノ線を素材にした有名な釣鉤がある。

記録によると、どうも捕らえられていたらしく、牢獄に入っていたというのである。どちらの話が本当なのかというと、出身地では、良く受けとろうとする人たちは、行き倒れのふうをして入り込み、苦労して十年間、技術を学んで帰ってきて村人に普及したという。心良く思わない人たちにいわせると、鉤を盗んできて製鉤をはじめたといった説が正しいという。いずれが真実なのか、判断しかねるが、彦兵衛鉤として現存しているのは事実である。どこにも、そういった伝承の話があるものだ、という感じがする。

　前にも書いてあるように、江戸時代には、釣りの本がいろいろと発刊されている。

正徳、享保の頃（一七一一～一七三六）には『何《か》羨録《せんろく》』あるいは『河羨録』という本がある。いずれも同じ著者といわれているが、写本した時に、『何羨録』と読んだものと、『河羨録』と解読したものとの相違ではないかという。内容はほぼ等しいが、編集項目が、前後している。何を羨ましがる、と、河を羨ましがる、という記録、と解釈出来るが、いずれも最も古い釣りに関する総合的な本である。著者は津軽妥女であろうといわれている。

津軽弘前四万七千石の支系、黒石四千石二代目津軽信敏の嫡男で、あの忠臣蔵で名高い吉良上野介義央の次女の女婿である。本を書いた年号は、享保八年（一七二三）といった説もあるが、日本最古の釣り手引書といえる。

古いといっても、イギリスのアイザック・ウオルトンという人は、一六五三年に『コンプリート・アングラー』という釣りの本を発刊している。コンプリートとは、十分なとか完全なとかいった意味で、アングラーは釣師のことである。『何羨録』が世に出る百年も以前に、イギリスではすでに書いているのである。

『何羨録』同様に、日本の釣りの古典といわれる『釣客伝』がある。その中には、早川の湯本の三枚橋周辺、塔ノ沢を東の沢と書き表した頃の塔ノ沢、湯本でエビを釣ったり、ウナギ、ウグイ釣りの話が載っている。

また、小田原海岸での釣りや、大磯小磯で舟を出してカツオを釣っている絵を掲載した内容もある。一八一八年頃、徳川家斉の時代のことである。

日本人と魚

●魚と日本の神々

建国の頃の神話に、魚で武運の吉凶を占ったという記録がある。

日本書紀に神武天皇が即位前、大和（奈良県）平定の折、丹生川において厳瓮《いつへ》（土器のかめ）に飴を入れて沈め「魚大小が槇《まき》の葉の如く浮けばこの地を平定出来るであろう」と占うと、魚が浮いたと記してある。土器のかめには有毒植物の汁を入れたのだろうが、浮き出た魚は鮎ということである。

仲哀九年夏四月、神功皇后が三韓征伐に赴く途中、肥前の国玉嶋の里の小河（佐賀県東松浦郡玉島町の玉島川）で、皇后が針を曲げて釣鉤を作り裳の糸を釣糸として餌に米粒を用い「事成すこと有すれば魚よ掛かれ」と占ったところ、鮎が釣れた。鮎という字はその時の占いから名付けられたとも伝えられている。その他にも、三重県大宮町の大滝神社では、鮎を用いてその年の鮎漁と農作物の豊凶を占う神事がある。

古事記には、魚は神に献上する食物として仕える神話があり、人に食われることは魚にとって本望であるといった思想があって、神の祭りには欠かせない神饌であった。

静岡県大井川上流の田代部落の諏訪神社では、山女魚を神饌として用いている。八月二十日に祭り当番が大井川支流で山女魚を釣る。釣る日が雨の日だと祭礼は必ず雨になるといわれている。釣った山女魚は口や腹に粟粥を詰めて桶に漬けて、例祭が終る前日に取り出して神酒と共に神社に供え、大祭が終る日の直会《なおらい》に食べる行事である。

伊勢神宮の神饌には、鯛鯉鮒、乾した鮎鰭カマス等三十数種類の品目を、神職が二日かけて調理して供える祭典もある。さらに、各地の恵比寿神社に鯛を供えるのをはじめ、伊勢市猿田彦神社の田植祭りにはトビウオを、滋賀県大津市神田神社では湯立ての神事にオイカワを供え、伊豆地方では初漁の鰹を氏神に供えるなどの例をみても、魚は米と共に神饌として重要な役割を持っている。

●生活の中に息づく魚たち

周囲が海という生活環境の国柄のためか、魚に関する祭りも多い。

福岡県嘉穂町に鮭を祭る鮭神社があって、祭礼の日には遠賀川に海神の使いの鮭が溯ってくるといういい伝えがある。無事に上がってくればその年は豊作、途中で捕えられて食われてしまうと災難がある。食った人は家が絶えるか盲になると信じられていた。

元来、魚の祭りは、その地域で捕れる魚種が多く、高知県土佐清水港では正月に鹿島神社に神酒を供え、鰹釣りの所作を奉納する。三重県大王町波切の「注連《しめ》切り火祭り」は、鰹祭りともいわれ、注連藁が燃える中に鰹釣りの竿を入れて鰹釣りの所作を行う。また、三重県仲山神社のボラを使用した「俎行事」、鯉を用いた「龍門の鯉」といった儀式などの例がある。

魚は、魔除け厄除けにも用いられている。

愛知県三河地方や山陰地方等各地で、球状の乾物にしたハリセンボンを戸口にかけて魔除けとしているのをはじめ、江戸時代からの風習といわれるが、掛鯛と称して二尾の鯛を結び合わせて結納の儀式などに用いるほか、愛媛県山口県等では、正月の掛鯛を田植えの頃に食べると厄除けになり、一年中無病息災でいられると伝えられている。また、城郭の屋根にしゃちほこを飾り付けているのも魔除けで、魚は水に縁があるところから鯱が水を吐いて火災から建物を守るという俗説からである。

その他に、秋田県矢島町の灘波神社では、魚を穴の入口に近付ければ雨が降る。和歌山県高野口町では、岩穴の入口で鰻をこすり付けて雨乞いをする等の伝承例。あるいは、大地震の先行現象として、多数の鯉鮒鮎鯰などが水面に浮かび出る、異常に大漁となった等の事例があり、魚は日本人の歴史と共に生活の中に深く結びついているのである。

江戸時代の箱根川釣りと西湘海釣り

釣りの技や道具類が飛躍的に向上したのは江戸期の頃だが、戦が無くなり武士は不要といった世の中に移り、武家の二男三男は小遣いに事欠く日々となって、金はかからず暇をつぶせて他に迷惑をかけることもない釣りの環境が、盛況を呈することになった。そして、使っている釣竿、釣鉤など、より勝れた釣具への志向を積むと共に、釣りの技が向上したのである。釣りの道具や釣場などを紹介した書物が刊行されたのもこの頃からで、文政年間(一八一八〜一八三〇) 黒田五柳著『釣客傳《ちょうきゃくでん》』の文中には、「釣道具に高価な金を払って持っている人々が多くある。その人の道具選びといっても、なにごとも無理することは悪いことである。道具はそれぞれが工夫するのが第一である。そのほか各地の在所において種々工夫した道具を用いそれぞれにそこの魚、または場所によって道具の作り方ならびに釣り方もある。まず釣りは風流の道である。我流で工夫しても余計に釣り得るものである」と、江戸の釣場などを示していると共に、湯本・塔ノ沢・小田原・大磯・茅ヶ崎辺りでの釣りに関しても、詳細に記している。

箱根湯本・塔ノ沢の流れで、ウグイ、アカハラ、ウナギ釣りの時期は秋。早川三枚橋より上流は、湯本、塔ノ沢、細い川でウグイ、アカハラ、ウナギの類で、水の流れの溜り場所で釣る。釣り方は決まってないが、引留釣りである。釣竿は二間（約三・六米）、糸は馬の毛でもテグスでもよい。釣鉤の脇に三匁（三号）位の重りを付けて、釣鉤は江戸のウグイ鉤。小田原の小間物屋で売っている。餌は魚の腸、稲虫、赤蜻蛉の幼虫（ヤゴ）。この虫は川の流れの中の小石の裏に付いている黒虫（チョロ虫ともいう）のことである。この虫は魚の食いがよい。この川のウナギは極上品で、時期は秋、時刻は朝と日暮れ時がよい。

小田原の海のカツオ釣りは、竿釣りである。竿の長さ三〜四間（約五・四〜七・三米）位で、糸は竿の長さより三〜四尺（約九十〜百二十糎）短く、鉤は江戸のナマズ鉤の太い鉄鉤を使用する。また、糸は手前より四ッ手より(四つよりマガイ糸。「絹糸で作った釣糸と思われる」）。重りはなく、餌はコイワシ。海の深さ五〜六十尋（約九十〜百十米）

カツオは浮き魚である。この時節にはシイラという魚も釣る。この魚は江戸へは多くこない魚である。細長く二尺（約六十糎）位の大きさである。カツオを引っ掛ける時は、船頭は殊のほか騒ぐ。カツオのことを小田原の人は江戸魚と呼ぶ。釣れた時は運搬船（仲買船）がそこまできていて、船中で直ちに魚の相場を決めて買う。また、釣り上がりの船（浜に戻る船）は、目印に銘々家の小幟を立て、浜辺にいる人達はその幟によって帰る船を待つ。沖の買出船は運搬船のことである。

小田原の海のマグロ釣りは、浜から沖へ二〜三里（約八〜十二粁）船を乗り出し、深さ百四〜五十尋（約二百五十〜二百七十米）、釣糸は手よりで、三ッ子より（三つより）、釣糸の長さ三百尋（約五百四十米）、その糸を竹笊の中に繰り入れる。江戸の十枚爪の糸位の太さである。鉤はこの形で三匁（約十一瓦）位の鉄の鉤で、重りは四百匁（約一・五瓩）位の石を網の袋に入れ、船頭三人中乗り一人で船を乗り出して流し釣りをする。餌はイカの丸刺し。マグロが掛かった時は糸を繰り出し、または引き留め、しばらくの間そうしている。それからだんだんに船の際に引き寄せた時、マグロが血を吐く。その時はまことに気味が悪いことである。さて、船頭は、左右からマグロに鉤《かぎ》を打ち込み、船縁に竹簀すべりというものをかけて引き上げる。多くははずれない。また、上がり船はカツオ釣り同様にマグロを持ってくる時は、浜辺に女共がきて、マグロの蓮花（心臓？）をとって塩辛に漬けて売り出す。

小田原の名物である。
同所でマグロ縄をはぐ（延縄《はえなわ》のこと）ことがある。糸は百尋（約百八十米）その間に鉤を六本付けるとのこと。いずれも浜の手の売人は、素人は断るものである。

大磯小磯・茅ヶ崎辺りワカナゴ（ブリの一歳魚）、クロダイの釣り方は、竿の長さ四間（約七・三米）位で竿先は細く、糸の長さ十二〜三尋（約二十二〜二十四米）元の方が太くてだんだんに細く、末はテグス一本である。重りはなく、手より糸、その道具で波打つ中へ打ち込み、だんだんに波にもたれて上がるうちに釣るものである。それから引き上げる。また、釣人は腰に網袋を付けて置く。同所で魚を買う人が近所にいて、釣った魚を買い取る。釣り方は江戸の立ち込みボラ釣りである。立ち並ぶこと十四人、または二十人、その中に上手下手がいて、この釣りは腕まかせの釣り方である。

温泉場をひかえた湯本、塔ノ沢の川釣りを紹介し、小田原近海でカツオが釣れ、沖でマグロが捕れていたという。大磯、茅ヶ崎海岸辺りではワカナゴ、クロダイ釣りを書いている。現代では考えられない近海の魚の豊富さであったことがうかがえる。

二〇一二年（平成二四年）一〇月一三日（土）

釣法秘伝

江戸時代釣書断章

『何羨録』

釣竿は、一本の竹をそのまま釣竿として用いていた、いわゆる延べ竿と、数種類の竹の特徴を活用して五本六本でつなぎ合わせる継ぎ竿とが基本的な形態だが、昨今では継ぎ竿を一本仕舞いに納まるように工夫し、化学製品を素材とした振り出し竿が主流となっている。しかし、日本の伝統的工芸品としての釣竿は、山野に自生する各種の竹を素材とした継ぎ竿のほかはあるまい。

古来一本の述べ竿であった釣竿が、持ち運びしやすい継ぎ竿になった由来については、室町時代の頃釣の醍醐味と面白さを知っていた公家達が、戦国の世へと移ったため要所要所の警固に当たることになり、自由に釣りに行かれなくなった。釣りの愉快さを体感している公家達の中には、気候もよし空の青さ木々の緑、風の匂いなどを肌に感じていると、じっとしていられない衝動にかられ、なんとかして陣屋から抜け出して釣りに行く方策はないものかと思案したすえ、長い一本竿を三本四本に切り、切り口に芯を付けてさし込むように細工して刀袋に納め、陣屋から抜け出すようにしたのが、継ぎ竿のはじまりであったという説がある。いわゆる芋継ぎという継ぎ方のきっかけになった。

芋継ぎとは、その頃の長芋売りが折れた長芋に竹串をさし込んで両方をつなぎ、あたかも一本の長芋の如くに見せかけ、買い手の目をごまかして売った時の継ぎ方から芋継ぎと呼んだ。竹素材の高級釣竿の印籠継ぎと同じ要領の継ぎ方だが、釣師の間では芋継ぎと称していたといわれている。

やがて戦国時代が終わり泰平の世が続くと、武士という職業が衰退した。今までは花形だった武術は無用になり、旗本や藩士達にとっては生活を支える手段がにわかに立たなくなった。特に戦さに出る必要がなくなった武家の二男三男は、暇があっても小遣いにも事欠く状態へと陥った。自ら生活を支える手段としては、声がよいものは唄うたいになり姿のよいものは役者になったりして、暮らしを立てるようになったが、姿顔立ちが整った者や声がよい者ばかりではない。あらかたの武士達の日常は、厳しい生活になっていた。

そうした環境の中で、釣り好きの者が金はかからず一日過ごしていても結構楽しめる釣りへと入り込んでいく者が多く出ていた。そして、手先きが器用な者が小遣いかせぎに釣竿などの道具作りをはじめたのが、釣具商売の発端であった。

その頃町人や商人は、平和産業に終日追われていた状態であっただろうから、釣りなどといった一種の道楽遊びをするゆとりもなく、手間ひまかけて粋をこらした釣竿などを作るほど、生活に余裕がなかったに違いない。暇をもて余していた旗本や御家人が、釣竿などの釣り道具を作っていたのである。

その頃の釣りの中には、深川の木場あたりで筏の上に緋毛せんを敷いて金屏風を立てめぐらし、釣糸には贔屓の花魁の髪の毛一本を一両で買って用いて、タナゴ釣りをしたという、世に伝わる「大名釣り」も話題になるほど釣りが盛んになっていた。使用していた釣竿は盆栽で育てた竹を用い、穂先には鯨のひげを使った一見延べ竿のように見える印籠継ぎ三尺(約九十糎米)足らずの、軟かい調子の釣竿であったといわれている。素材の竹を竿材として使えるまでに育てるだけでも、非常に根気がいる。作者は当時竿作り名人といわれた、元徳川家の御家人と伝えられている。

その他、釣りに使用する釣竿の素材と材質の見分け方、竹の種類と竹が持つ特質と竹を伐る時季。竿作りの手順、竿の手入れの仕方と保存要領。また釣糸については、素材の種類や良い悪いの選び方と使い方。浮木についても用い方、さらに釣場、天候によっての使い分けと種類。錘りに関しての形、場所や船釣りの場合などの使い方と種類。あるいは釣鉤の形、釣る魚によって用いる釣鉤の区別、大きさ、良い悪いの見分け、材質や製作者など。また釣餌に関しても、エビを第一として掲げてその他の餌の種類による使用区別、見分け方。さらに釣場、天候、釣る魚によって使い分けることなどの説明文。いわゆる釣りに必要とされる釣具六物に対しての解説と図示が、詳細に亘って書いてある。

ほかには釣場、天候、釣る魚によっての季節の説明に至るまで、釣りの基本的な要件を「竿の部」「鉤の部」「釣糸の部」「錘りの部」「天秤の部（浮木を含む）」「餌の部」に区分けしている。天保年間（一八三〇〜一八四四）に書かれたという『釣書ふきよせ』の中に紹介している「漁者曰六物者竿也綸也浮也沈也鉤也餌也」の内容を、江戸湾（東京湾）とその周辺の釣場、釣れる魚種、出漁する時の時候の心得まで盛り込んだ当時の釣魚秘伝書が『何羨録』である。

著者は、陸奥国（青森県と一部岩手県）弘前の大名津軽家の分家三代目で、吉良上野介義央の娘婿といわれた津軽妥女正である。正徳・享保年間（一七一一〜一七三六）に書かれたとも、享保八年（一七二三）の著書とも伝えられている。

『垂釣筌《すいちょうせん》』

当時、釣りに対する思い入れは、江戸に限ったものではなかった。東北の庄内地方の藩主酒井侯は、自ら率先して釣りを行い奨励し、釣りを盛んにした記録の本がある。豊かな自然に囲まれた広大な海原を望み、釣竿一本構えて獲物が掛かるまでの間じっと堪え忍ぶ精神を忍耐力の醸成、釣場の往復や魚がいそうな場所をさぐり歩き、掛かった獲物との争いを体力の鍛錬と心得させ、釣りを武道の代わりとして心身を涵養《かんよう》する目的としたのである。

日本最古であろうといわれる魚拓（旧藩当時庄内では摺形と称した）が残存しているのも同地だが、著者内容から察すると、その頃から多くの海釣り名人が輩出し、同時に釣竿、釣鉤などの道具への研鑽を積み、釣りが発展したといえる。

特に釣竿に関しては、庄内地方特産の苦竹を使用している。苦竹とは、筍が苦くて食用にならないというところからその名が付いたといわれ、庄内地方にのみ自生している竹という。一本の釣竿を作るのには、竹を伐ってから四、五年経ってからでないと竿作りに取りかかれず、皮が付いたまま煙にかけてから磨き出し、生地を活かして根元の部分を竿尻として残しているる点は、他の釣竿には見られない庄内竿の特徴である。握った時掌に収まり加減が頗るよく、持ちごたえもする。魚の当たりの伝わり方を楽しむことに重点が向けられているといえよう。

竿の継ぎ方は、いわゆる印籠継ぎに分類されるが、さし込む竿尻（雄のコミ）とさし込まれる竿口（雌のコミ）部分が金属で、独特な形をした螺旋が合うように刻んである。継ぎ方からいえば捻じ込み式といった形体である。「対談殿様之釣」の文章上段に、竿尻の写真と魚拓の画が掲載されている。

庄内地方の釣りは、藩主自身釣りをして、藩士達に奨励したこともあって、武士の中には尚武の気風を養うと共に、いかにして釣り名人の名を得ることができるか切磋琢磨し、それを誇りともしていた。

そうした風潮の中で、安永・天明の頃（一七七二～一七八九）の釣人に海釣り名人生田権太という男がいた。庄内藩士の彼は、天性というべきか潮の動きを見究めることに長けていて、遠い海面を眺めて魚がいるかいないかが判別出来るほどの能力を持っていたという。彼には備わった体力と足の強さがあり、釣場を南に北に東西へと自由に歩きまわって、掛かった獲物の大小にかかわらず総て持ち帰ったというから、彼の魚籠の中には常に魚が入っていたという。

当時の釣人たちは、そういった彼を釣り名人と称え、その頃の釣人たちは彼の釣り方に感化され、数多く釣った釣人ほど腕がいい釣人と称讃されたため、彼の釣術を目標にして憧れていた。

時代が移り、寛政・文化の頃（一七八九〜一八一八）になると、専ら大物だけに挑む釣人が出現した。神尾文吉という彼もまた、海釣り名人といわれた。同じ庄内藩士の彼は、一度釣りに出たら晴雨にかかわらず、昼夜をいとわずに釣れるまで帰らなかったというから、必ず獲物は得ていたわけだが、狙う獲物は大魚のみであったという釣りに対する彼の考え方は、数多く釣った釣人ほど釣り名人と称されていた生田権太とは、本質的な隔たりがあった。

当時の釣人の間では、彼の釣り方こそ藩主が奨励していた釣りの本筋と理解して、見習ったという。

釣竿を手にして釣りの構えに入った時から一切の雑念を払い、一心不乱、心気竿頭に注ぎ周囲のことも忘却した姿勢を保持した。これこそが後の世まで語り継がれた、「天方釣《てんぽ》」の極意である。用いる餌は常に一定し、小物には目もくれずに大物のみを対象として、掛かるまで待つことに徹した釣りである。

この釣方こそ、釣りを孤高の精神修養とした最も典型的な姿であり、当時の釣りの心の主流を成したものと考えられる。

やみくもに釣りまくって獲物を得ていた生田権太は、その時代としては釣り名人であったに違いないとしても、山野を駈けめぐる狩人に共通した闘争心と体力の増進に重点がかかっていて、精神面の修養にはほど遠いものであったといえよう。藩士たちに釣りを武道に代わる心身鍛錬の場として奨励した庄内藩士は、神尾文吉の釣りの心構えを尊んだことはいうまでもない。しかも大物のみを相手にしていたから、魚族の種族保存配慮にも通じ、掛かった獲物を釣り上げる迫力は、闘争心を養うに十分な効果があったと考えられる。

その他に、近海の好釣場の具体的な場所、立夏(陽暦五月六日頃)から小満《しょうまん》(五月二一日頃)、或は白露(九月八日頃)といった季節によって挑んで効果ある魚種や、大物が遊泳する時刻、用いる餌七種の例示に及んでいる。特に釣鉤については、古来から白鉤しか知らなかった庄内地方の釣人たちが、煅鉤《やきばり》の優れていることを知って鍛錬方法を独自に学び、苦心のすえ完成させた話や、鉤形に及んでの談義を、釣った黒鯛などの魚拓画とともに掲載している。

『垂釣筌』は、江戸時代の庄内の釣りを知る唯一の文献であり、庄内釣りの原典といえる。

著者は、庄内藩士陶山七平儀明の長男陶山槁木で、文久三年(一八六三)に書かれたと伝えられている。

釣具今昔

天保年間（一八三〇〜一八四四）に書かれたと伝えられている『釣書ふきよせ』（著者不明）によると、釣具をすべて六物という。「漁樵對問《ぎょしょうたいもん》」に漁者曰く「竿也綸也浮也沈也鉤也餌也」その内一具不足しても釣りは不可能とある、と書いている。

竿は釣竿、綸は釣糸、浮は浮木、沈は重り、鉤は釣鉤で餌であるという。しかし、もう少し広い意味の釣りとはと考えてみると、手釣りには釣竿は必要ないし、フカセ釣りは浮木、重りは用いず、鮎の友釣りやコロガシ釣りには浮木は使用していないし、餌も付けていない。渓流魚用の毛鉤（香がしら）釣りや、海釣り用角鉤なども、いわゆる餌は必要ない。もっとも、餌になる形態に細工してあるから魚から見れば餌と同様の役割で、魚が食い付くことからいえば十分餌としての役目を果している。餌の部類になるかもしれない。

また、ウナギのづゞご釣り（珠数子釣り）には、釣糸も重りも釣鉤を用いていない。釣竿というより竹の棒といった方がよい。長さ百五十糎、太さ一糎位の竹の先端に木綿糸を通したミミズの継ぎ目を珠数の形に束ねて結え付けた仕掛を川の中に入れてウナギが食い付くのを待つといった釣り方である。

一方、釣った獲物を入れるびくは挙げていない。その頃、びくのことを関東では「めかご」、または、「ふごびく」、関西では「めかご」と称していたが、釣る道具ではないといった観点からいえば、たしかに釣具ではないかもしれないが、釣りには欠かせない道具の一つであると思うが、びくが釣具として欠かせない中に入っていないのは如何であろうかと、『釣書ふきよせ』の著者も述べている。

釣具の発達には、それぞれに歴史がある。

当初一本の竹の枝を払い、そのまま釣竿として使っていたのを、戦国の世になって警固や戦さなどに明け暮れしていた頃、陣屋などから持ち出しにくいために、三本、四本に切って刀袋に納めて持ち出すようにしたとも伝えられている継ぎ竿は、江戸期に移って技術の向上と共に勝れた製品として完成した。そして、節がある竹に比較して、均衡がとれた弾力性に富んだ鯨のひげは、竿先用としてその頃すでに竹伐と組み合わせて用いられていた。

釣糸は、前五千年頃、東部ヨーロッパドナウ河文化圏で麻、布などを使用。日本では福井県三方町鳥浜貝塚で、大麻製縄が出土している（縄文早期〜前期頃）から麻を用いた釣糸として使用していたものではないかと考えてもよいと思う。その後、神功皇后が裳の糸（絹糸）を抜き取って、釣糸としている（古墳期）ことや、麻糸、楮などが使用されていたのではなかろうかと伝えられている。

また、動物の腿＝筋（一本釣り漁師は最近まで釣糸のことをスジと呼んでいた）、おそらく鹿、アザラシなどを用いていたといわれている例もある。

馬の尾の毛を釣糸として使っていた例としては、前二千年頃からで、現在でもテンカラ釣りや鮎の友釣り仕掛の掛鉤のハリ素などには、バス（馬素）と呼んで用いられている例もある。

釣糸のテグスに、ヤマグワなどを使用していたのは、聖武天皇の天平年間（七二九〜七四九）からと伝えられてる。

人髪の強さは周知のとおりだが、江戸時代の釣道楽が隆盛を極めた頃には、大名の中には贔屓の花魁の髪の毛一本を一両で買って、釣糸にした話もある。

人造テグスは、明治十七年（一八八四）ニトロセルロースを糸にしたものが最初である。その後、ナイロン製、金属製の釣糸へと開発が進んだ。

江戸期の頃の重りの資料を見ると、鉛の光が強いと魚が警戒して近寄らないから灰でこすって黒くしたり、黒漆を塗って用いていた釣人がいた。また一方では、朱や黄金色、銀色などを色彩豊かにして魚の気を引く重りを使ったといった例もある。

重りの色彩については様々な説があるが、一般的には鉛色が多い。

単純に考えれば、重りは出来るだけ小さくて重い物質が理想的なのだろう。従って、一般的には使用している鉛の素材よりはるかに密度が高くて重い、白金、金は適しているといえる。真実金の重さを重視して用いたものか定かではないが、明治の頃、金の重りを使用していた歌舞伎の名優がいたといわれている。

しかし金は、世界の相場を左右するほど貴重で高価な物質である。一般の釣人たちがそう安易に使用できる重りではなかった筈である。

江戸時代の定説としては、重りは銀を第一、真鍮を第二、錫もよいといわれていた頃もあったが、一般的な重りの素材として鉛が使用されているのは、比較的密度が高く手に入りやすい。しかも加工しやすく他の品に比べて安価という利点があったからであろう。近年になってからの釣人の中には、海の投込み釣は根掛かりして重りを失う場合が多いので、使用しなくなったボルトやナットを重り代りに活用した例もある。

釣鉤の歴史は、前五〜六千年頃からといわれ、日本では横須賀市夏島貝塚から発見（縄文期）された獣の骨が古く、石、貝、木片などといった素材も用いられ、その後、角、骨などの素材をくり抜いたものや、骨と牙を組み合わせた組み合わせ鉤などがあった。

青銅、鉄などの金属を釣鉤に使用するようになったのは、弥生文化中期になってからである。軸を骨にして鉤先を鉄、青銅などの金属といった組み合わせた釣鉤などへと発展し、江戸時代に至っては生活するための収入を得る手段としてなどから、各地で製鉤するようになり、地方独特の技術が盛んになって、特色を持った地鉤が作られるようになった。


釣りの諸流派が出現したのもこの頃の寛文年間（一六六一〜一六七三）で、岩崎流開祖甚太夫キス鉤、島田一見翁流一見鉤、宅間眞牧流キス鉤、佐藤永無流キス・カレイ鉤、高木善宗流キス鉤、阿久次弥太夫キス鉤等、多くの釣鉤に鉤師の銘を付けた品目が出回った。

そして、文政年間（一八一八〜一八三〇）になると、黒田五柳著といわれる『釣客傳』に釣りの心得の定義ともいえる内容が書かれている。即ち第一番には時候、第二番は場所、第三番には勘、第四番は手廻し、第五番には根であると述べている。

時候とは、釣人の心得は時候と日並みの見究めである。翌日の天気また風雨は、多分前日前夜にあり、前日の午後四時から日の入りまで空がうす黄色で雲は至って静かで、日の入りや夜になっても星の光がなく風もない。そういう翌朝は少し曇っても雨風はなく、なぎ日和になる。あるいは、朝午前十時頃、鳩の鳴き声、油蟬の啼き出しは、多くは天気になる。また、沖で雷の時は風が変わり、なんの風にしても風が変わるので雷の時は手早く上がること、などのことである。

場所とは、釣りは場所によるから、早くこれを覚えることである。川釣り沖釣り、なんの釣りにしても汐のよしあしを考え、地底に砂地、岩地、泥地など、魚によって地底の好みがあるから、場所を覚えることである。

勘とは、船釣り、野釣りにしても、その日の潮を考え、また、風の様子に勘を働かす。川釣りは魚が飛び跳ねる。またはモジリ（魚が水面に顔を出した時に生じる波紋）など、油断なく八方へ気を配る。沖、川共に潮の満ち潮の潮が満ちる前後もよいからはずしてはならない。勘のない人は、永年釣りに出ていても、年来下手な者もいるという。

手廻しとは、日頃釣道具などを調べておくことである。釣りに行く日になって釣り支度したのでは準備不足になり、釣場に着いたら人より早く竿、仕掛けを支度することが肝要である。支度、準備にしても粗相が多くあることから、釣り支度には心しておくことである。

根は、釣りに取りかかる時、根気よく、油断なくする。物静かにして余所見しない。退屈して油断すると、釣り損じる。大釣りには根気よく、小釣りの時は時々場所を替えることである、といった内容である。

この頃の時代は、釣りが一段と盛んになったと同時に、釣魚に関しての秘伝書などの書き物が、多く出版されている。

『何羨録』正徳、享保の頃(一七一一～一七三六)の編集で著者不詳。ほぼ同内容の『何羨録』の享保八年(一七二三)津軽妥女正著。

『釣竿類考』文化年間(一八〇四～一八一八)著者不詳。

『釣客傳』文政年間(一八一八～一八三〇)黒田五柳著。

などがあり、平和な世相にあったが故に、釣道楽とも呼ばれた釣りが発展したものと概ね理解されているが、その一面、ある程度の教養などを身に付けていた武士階級にあった人達が、戦さがない時勢に武士としての職業では暮らしが成り立たなくなり、小遣いに困るようになった立場の、特に旗本や藩士の二男三男は、暇があっても小遣いに事欠き身をもて余して、釣りをして過ごしていた。そうしているうちに、釣竿など釣道具を造りはじめて収入を得るようになった。それが釣竿をはじめ釣道具造りが職業として、発達したといっても過言ではない世相が、現代に繋がる背景になっているのである。

しの字形一万年

釣鉤の変遷

日本最古の釣鉤の形

記録に残る日本最古の釣鉤の形は「レ」の字形とも「し」の字形とも言われている。

その頃は、木の枝や鹿などの角を、そのまま釣鉤として用いていたと伝えられることから察すると、「レ」の字形から始まって、動物の骨などを釣鉤にくり抜いたりした頃から、「し」の字形や「L」字形に改良された後、「し」の字形が定着したのではないかと思う。

また、一説には、当初の釣鉤は、両端が尖ったまっすぐな直針形から、二本イカリの形に変形し、一本鉤の「し」の字形になって、鉤先にあご（もどしとも言う）が付くようになったとも言われている。

特に、縄文時代後期から晩期にかけての頃のものと言われている釣鉤は、各地から各種の釣鉤が出土していることから推測すると、その時代には釣りが頗る盛んであったことが推察できる。

おそらく、魚が貴重な食糧となったこともあるが、当時は世の中が穏やかで、人心もなごやかな暮らしぶりで平和な状態が続いていたのではないか思う。

そうした時代背景の基盤があったが故に、釣りが盛んに行われ、軸が獣の肋骨で鉤先部分が猪の牙などで組み合わせた組み合わせ鉤。牙、角、骨などを結合した結合鉤。掛かった魚がはずれにくいように鉤先のあごが、内側や外側に付いたものや、両側に付いた鉤。糸を付けやすいように鉤本にぎざぎざが刻まれた釣鉤など、工夫を凝らした多種多彩な釣鉤が発達し、古代の釣り黄金時代を形成していたのではないかと考えられる。

弥生時代から青銅釣鉤も

その後の弥生から古墳時代へと移るに従って、改良されたのは、素材が木、角、骨、石などから、青銅、鉄、銅等の金属の材質が用いられて品質が向上した。

さらに魚が棲息している場所や餌の食い方などに応じた鉤先のひねりや、鉤本、腰の曲がりに変形が加えられたりしただけで、釣鉤の「し」の字形には変わりがない。

続く飛鳥、白鳳、奈良、平安、鎌倉、室町、そして安土桃山時代にかけては、各地で勢力争いなどの戦乱に明け暮れて、世の中は不穏で不安定な時勢が永く続いた期間であった。

そのように荒んだ世相の中では、釣りの醍醐味を知っていようとも、精神的にゆとりを持てないし、日頃は要所の警固や戦のために、釣りどころではなかったのであろう。釣りに関する資料は、その時代は空白に等しいほど乏しい。

釣りが盛んになった理由

やがて、戦国の世が終わった後、泰平の世が続くようになった江戸時代に移ると、釣りが飛躍的に盛んになった。

しかしその経緯は、ただ平和な世相であっただけの理由ではなかった。

安土桃山末期から江戸初期にかけては、戦乱の後遺症が残っていたが、それが落ち着くにつれて、それまで時代の花形だった武士は不要になった。藩士や旗本の跡継ぎや分家できる家柄は別として、一般的な家庭の侍の二男三男は、深刻な就職難に陥り、暇があっても小遣い銭に事欠き金がない。釣りなら金もかからず、暇をつぶせて他人に迷惑を及ぼすこともなく楽しい、といったきっかけで釣りが盛んになったのである。

釣竿、釣鉤の進化

その頃、釣竿は、自生する竹を切って枝を落としただけだったが、そのうちに手先が器用な者が、より良い竿を作りはじめて調子を整えたり、持ち運びにも便利なように、三本、四本に切って、継ぎ竿として手を加え、出来映えを競ったりするようになっていった。

それに加えて、当時の金持ちの隠居や旦那衆がはじめた釣り道楽には、金に糸目を付けず上等な道具作りを依頼するようになって、竿作りが職業として成り立ち、生活できるようになったのである。

その頃は釣竿に限らず、秋田の大館、酒田の庄内、兵庫の播州、高知の土佐など、各地の藩主や藩士が辛苦を重ねながら釣鉤作りを起こし、住民たちの暮らしを立てる手立てとして奨励したため、生産地独自の勝れた釣鉤が製造されるようになった。

そして、釣る対象魚によって効果的な釣鉤が研究開発され、ますます多彩な釣りが盛んになり、第二期釣り黄金時代と言える時代になったのである。

しかし、釣鉤の形「し」の字形は、依然として、変わってはいない。

時代が明治、大正、昭和へと移ると、武家政治から王政政治へと社会は大きく揺れ動き、数々の戦争も発生して不安な時代が長い間続いた。そして訪れた平和が定着するのと時を同じくして、再び釣りが盛んになった。

化学製品による釣り道具

特に太平洋戦争後における経済復興は、工業技術の高度化を促し、新素材の開発が相継いだ。それらが釣道具へと取り入れられ、カーボン、セラミックス素材などの化学製品による道具類が普及した。まさに第三期釣り黄金時代と言えるのが、現代の釣りの姿である。だが使用する釣鉤は、釣鉤の原形「し」の字形で一向に変化することなく、厳然と生き続けている。

今年も緑したたる季節が巡ってきて、また鮎のシーズンになったが、願わくば「し」の字形一万年の歴史の中に繰り返しているような、平和の後に訪れていた世の中の乱れがないように、釣人をはじめ、すべての人達が心にゆとりを持ち、この豊かな自然をいたわりながら共存し、安心して釣りが出来る時勢が存続する環境を、永遠に維持したいものである。

一九九七年（平成九年）六月七日（土）

芽なし竿

鉤竿には延竿と継ぎ竿があるが、当初の頃は延竿としてクロチクが盛んに使われていたようだが、ハチクやホテイチクの良さが周知され、いわゆるシロチクの優れた素材が認められて、流行がクロチクからシロチクへと変化した歴史があるようだ。昨今では延竿は釣堀などで貸竿として使っているほかは、殆ど五本〜六本の継竿で、穂先はホテイチク、二番、三番がスズダケ、四番以下はヤダケ或いはメダケが組合わされ、優れた製品として使用していた。しかし化学の進展と共に化学製品を素材とした釣竿が製作されると、軽量で強度がある振り出し竿へと発展した。近年では伝統工芸品と称されるような高級品竹竿として、実際に使用している釣人はごくわずかに竹竿へのこだわりを持つ釣人といった状態で、観賞用といってもよい貴重な存在になっている。

特に第二次大戦後しばらくして平和な状態へと落ち着くに従い、ブームと呼ばれるほど釣りが盛んになり、釣人たちは魚を求めて川や池、海や湖へと釣りの楽しみを求めて出かける傾向が急速に高まった。従って釣竿の生産も盛況を呈し、関東地方では埼玉県川口市が有名な産地だが、関西の和歌山県橋本市や学文路《かむろ》は、その頃日本の釣竿生産の六割を占めていたといわれたほどで、盛んになる従って継竿の技術も向上していた。

昭和五十五年九月和歌山県の高野山をひかえた地域に、高野竹などが身近かにある橋本市は、もっとも釣竿造りが盛んであるという資料を読んだことがあって出掛けたことがある。一つには優れた竿作り師を主人公にした小説を、書いてみようといった目的もあった。

南海電鉄高野線の橋本駅で下車すると、駅前近くに水量豊かな紀ノ川が流れていた。竿師が住んでいる地区は清水と記憶していたが、具体的な場所はわからなかったのでタクシーの運転手に、釣竿を造っている家へ案内して貰いたいと頼んだところ、今では四、五軒で数えるほどしか竿作りはしてないと教えてくれた。私が調べた資料が古かったのだ。橋本へ行けばなんとかなるだろうと思い込んでいた当てが外れ、とにかく竿作りしている家へ案内してもらうことにした。

紀ノ川の橋を渡り、やや上り坂にかかって人家がまばらになったと思った頃、「ここの家です。いるかどうか」と右側の平屋建ての家の前で車を止めた。とにかくタクシーを降りて、玄関から声をかけると、右手の家の奥の方から返事があった。運よく釣竿を造っていた。八畳間位の仕事場の中には、五十本ほどの竹の束が三〜四個立てて置いてあった。

兄弟二人で竿造りをしているというが、弟は不在だった。四十半ばと思える兄の銘は「東湖」弟は、「鴻声」といった。

かつてはハス、鮎竿を作っていたが、最近は主にヘラ竿を作っていると話していた。素材の竹は、大台ケ原の八百米位の高地に自生している高野植物の高野竹で、野瀬川と高野山の間に生えている竹を使っているという。五本継ぎの素材を例にあげると、手元と二番はヤダケ、三番は軟調に仕上げる場合はスズダケで硬調の時はヤダケ、穂持にはスズダケを使用していた。穂先には、かつてはノホテイ竹を用いていたこともあったが、最近では竹を三角に割って四本を貼り合わせ、合竹して丸く削って穂先を作っているという。ノホテイ竹は使っているうちに狂いが生じるが、合竹した穂先には狂いが生じないから使用していると説明していた。合竹の穂先の発案者は、かつて東京の神田住んでいた人が橋本に移り住んで研究した製品だということだった。

また、高野竹の竹山があっても、竹の丸み、節の間隔がそろっていることが必須条件であることから数十本の竹の中でも数本程度しか竿材として使える竹はない。しかし竹を買う時にはまとめて買うことになるから無駄もあると話していたが、竹を選び出す目がなくては叶う仕事でないと思った。

仕上げた釣竿は、一尺いくらといった単位で値段が付くということだったが、素材選びから竹の癖をため漆仕上げまでの工程を察すれば、それだけの値打ちがあってよいだろう。

享保八年津軽妥女著と伝えられている『釣魚秘伝何羨録』の竿の部の中で、芽なし竿について「竿に芽なしといって人々は好む。元からなかばまでも節ぎわに芽がないのを用いている。もっともウキスに多い。このような類は損益に及ばないのだろう」と書いているから、芽なし竿は江戸時代の頃には存在していたのだろうと察していた。現代ではそのような竿材がまず手に入らないだろうし、製作技術を具えた竿作り師もいないだろう。いままで見ることもきいたこともなかったから、芽なし竿のことを尋ねてみた。

しかし東湖さんは、私の説明をきいても少しも動じる気配がない。そして、しばらく経ってから、「そうした竹を使って作ったことがある」と自信ありげに答えた。私はそのような竿材を探しあてるのがまず困難だろうと思い込んでいたから唖然とした。そして、「いまは手許にないが、後日進呈する」と約束までしてくれた。

私は半日ほど竿作りの苦労話をきいて、橋本駅へ戻ったのは夕暮れ近かった。

自宅に帰って約一年近く経った頃、和歌山の橋本市清水の東湖さんから細長い荷物が届いた。

早速開けてみると、竿ケースの中に竿袋に入った釣竿があった。うす茶色の竿袋の中ほどから「東湖、総高野芽無し竹　拾四尺」と筆書きしてあり、「東湖謹製」と朱印が押されてあった。

二本仕舞い四本継ぎの釣竿はヘラ竿と思えるが、元竿から三番までのスゲ口は黒漆塗り、合竹製と思える穂先全体は黒漆仕上げになっていて、胴の漆仕上げの磨きといい、申し分ない色彩の仕上げである。たしかに竹の節ぎわには芽が見当たらない。まさしく芽なし竹の素材を吟味した「芽なし竿」であった。

継ないでみると、やや先重りを感じ、総体的にどっしりとした持ち感触が掌に伝わり、高級感を彷彿させる。握りのやや上部には東湖と焼印が押してある。これは私の釣りコレクションの中の宝物である。

囮缶

東京大手町にあるＮＴＴ関東支社の秘書課に転勤した頃から、ほとんど釣りに行かれなくなった。

その頃所帯を持ったばかりで、早朝小田原から電車に乗って出勤し、帰宅するのは夜半近く。土曜日は出勤日だったから、休息日は日曜日だけといった状態が続き、時間的なゆとりが持てなかったからである。

それまでは小田原が勤務地で、釣りの季節になるとウグイ、マス、アユ釣りに土曜日の午後と日曜日は、雨が降らない限り川へ行っていた状態が続いていた。

転勤後しばらくの間は、不慣れな仕事内容へ神経を使い気持にゆとりがなかったから、釣りのことは考えられなかった。

やがて、業務内容と仕事の流れが分かってくるに従って、精神的に余裕が出てきた。そして、釣りが出来なくなった思いが次第にストレスとなって深まり、無性に釣りがしたくなっていた。しかし、現実的には無理な話だった。気休めに、昼休み時間に近くのデパートの釣具売り場に行って、ウィンドケースの中を覗いたり展示してある釣竿に触れてみたりして、気を紛らせていた。

手造りの囮缶に出会ったのは、ちょうどその頃だった。

会社からの帰りに丸ビルの地下街を通り抜けて、東京駅北口への階段に向かっていた私は、階段昇り口のすぐ左脇の一隅に、六十歳半ばを過ぎたと見える夫婦が、小規模な釣具店をやっているのを発見した。

数日後、昼休み時間を利用して立ち寄り、店内を眺めていると、店の左手奥の棚の上に、赤茶色した小判形の囮缶らしきものが目に付いた。

棚から出してもらって手に取って見ると、光沢は全く消えて色褪せてはいるが、長さ三十糎、幅十三糎、深さ十二糎ほどの小判形をした、やや小さめながら銅製のアユ用囮缶だった。水平にして水中に沈めた時、囮缶の銅の上部から水が出入りできるように、長さ三糎、幅二粍ほどの横長の切れ込みが三本、四隅に設けられている。ハンダ付けした底の周囲には、鉛色が浮き出ていた。

「いつ頃造ったものか分かりませんが、ずっと前からあったものですよ」

店の主人は、先代の頃から売れずに残っていたから明治か大正の頃か、とにかく古いものだろうと説明していた。

手に取ってみると、上部全体が取り外し可能な蓋状になっている。仕舞う時にはそれが底の中側へすっぽり落ちて納まる具合になっていた。

その蓋の半分は金網で、上部から水が出入り出来る。残り半分の中央部分には、先が小判形をした長方形の舌のような形のバネ付きの蓋が取り付けてある。そこから釣った魚を落とし込める。囮缶の四隅上部の外側には、紐を付けて下げられるように紐を通す切り込みも付いていた。

よく見ると、蓋の金網全体は亀甲形の目に編んである。中心部は三粍ほどの細かい編目で、枠に取り付けた個所は七粍位の編目へと、外枠へ向かって扇状に徐々に粗い目に仕上げてある。

「確か手編みと聞いてましたよ」

囮缶を見入っていた私にそういったきり、店の主人は口を閉ざした。

売ろうといった商売っ気はまるで感じとれず、すました顔で細君と並んで店の奥に座っている。

実用向きかどうかは別として、古ぼけてはいるが手の込んだ珍しい細工が施してあった。私は昭和二十年代頃から友釣りをしていたが、当時の囮缶というものは、横長の楕円形をした木製の桶で、岡持のような柄が付いた囮桶だった。蓋に相当する上部の中心部には、幅十五糎位の鉄製の柵が上下に動かせるように工夫され、鮎を出し入れ出来るようになっていた、いわば手桶に等しかった。銅製の囮缶は、おそらくそれより以前の作かとも思えるが、金属製の携帯型囮缶といえるだろう。

銅の持つ軟らかな感触を覚えながら囮缶に触れているうちに、釣道具に対して郷愁めいた気分と、釣りへの憧憬といった感情が混沌と沸いてきて、思わず買ってしまった。価格として安いのか高いのか判断しかねたが、二千円だった。

三、四年経った頃、四隅に麻紐を通して下げるようにした囮缶を、友釣りに持って行って使ってみた。しかし、形の良いアユを七、八尾入れると、囮缶の中のアユは身動き出来なかった。それに加えて、水平にして流れに沈めておくと、水量の変化によって上部が水面から露出して、水の出入りが出来なくなる。かといって横に倒して水中に入れて置いたのでは、釣ったアユを入れる際にその都度囮缶を水中から引き上げなくてはならない。一、二度試してみたが、まことに使い勝手が悪い。

とどのつまりは、子供たちと遊び気分で近くの掘割に、オイカワやコブナを釣りに行く時に持っていく程度に用いるようになってしまった。

年年アユ釣りが盛んになるにつれて、角形の銅、真鍮、ステンレス製などの素材を用いた金属製。サワラ、ヒノキ材の木製。或いは動きやすさなどを配慮したという丸型の狩野川式金属製、合成樹脂加工製などの囮缶が考案されて、いずれも内面を黒く塗装して魚体の色が自然のまま保たれ、魚も落ち着いているから傷まないといった機能的な囮缶が店頭に並んでいる。さらには、川岸に置いた食糧などを入れたリックサックや、水中に沈めた囮缶がある場所からの移動、川の中に立ち込む時などに持ち歩く曳き舟（友カン、友舟ともいう）の普及により、便利さと使い良さが定着している。

アユの友釣り用手造り囮缶は、入るだけのアユを釣ればよいではないか、沢山釣ればよいということではなかろう、と暗示を与えているのかもしれない。いつしか私の釣具コレクション的存在になっている。

エコロジー文学

私は長い間、釣人を主人公にした小説を主に書いている。登場する人柄は、自然の資源・生物を含めた自然界を大切に思う心を基調とした考えを持った人物と定め、主人公を巡る人生模様を物語に作り上げている。つまり、自然の姿は、この世に共生する人間が保持可能な立場にあることを強調し、個人の欲求を優先し満足している人たちを、そうであってはならないだろうと認識する期待を望んでいるのである。

それには、題材の中の登場人物は、釣りの技量が人並み以上に勝れ、用いる道具の見極めに精通。魚の生態も精査して盛り込むことによって、一般の読者と釣り好き魚好みの人たちにも読んで貰い、共鳴してくれるのではなかろうかと広い読者への期待もある。

従って、自分自身釣技を実践し研鑽して盛り込まないと、文章表現に説得力と重みが乏しくなる。それぞれの釣具にしても優劣の判断が出来なくてはならないから、品質に精通しなくては書けない。

そうした知識を身に付けたうえで、胸の奥に深淵の如く漂わせておいて舞台とする風物を描写しつつ的確に表現するため、低く静かに構えて力を灌漑し、流れ出るような発想に従ってストーリーを書いていけばよいという姿勢である。その中で、誰も書いていない人間の生き方をテーマとした作品を心掛け、脱皮出来た手応えを感じるには、長い歳月絶え間なく習練する以外になかった。そして私の作品は、S社から「エコロジー文学」として出版され、単行本を刊行し続けている出版社は「釣り文学」と銘打った。定着するのにおよそ十五年を要した。

若い時、サラリーマン生活と併行して小説を書き続けていた頃、同人誌に載った私の作品について、有名歴史作家に「直木賞候補になってもいい作品」と評価され、「会社を辞めて思い切ってやってみなさい」と勧められた。同じ頃、ある文学賞を貰った時の選者だった丹羽文雄氏の選評には、受賞作「幻魚」について「テーマも大きく深いものがあり着想も面白い。人間の生き方についての問題提起もあり、作者の苦心もわかって好意のもてる作品である。捨てがたいものを内包している作品であり、きらっと光る才能を感じさせるものがある。今後の勉強次第では賞を堂堂と受賞出来る人と思う」と述べていた。

その時、三十代半ばだった私は、サラリーマンを続けるか、作家としての道を選ぶべきか、真剣に迷った。

単行本の注文を受けるようになったのは、その頃からで、年間二冊のペースで書き、その間に雑誌社からの仕事も入った。体力気力相方の安定を常に気遣いつつ、会社の仕事の別な時間帯で書き続けた。一日の時間の尊さを痛感しながらも、子どもたちや家族に関する事柄は総て家内が引き受けてくれて、専ら書き続ける時間へと専念する生活が出来たのも、幸いな環境にあった。

定年数年前、週刊誌連載を書くことになって会社は退職したが、それまでの間二面の日々を過ごしていた。あの時会社を辞めていたら、十分な仕事ができていたかどうか不明だが、いまの私はいなかったかもしれない。その後も印税や原稿料で資料本を購入し、新刊を書いた収入で本を買うといった繰り返しの続きだが、いつまで続くことだろうか。

二〇〇六年（平成一八年）六月一〇日（土）

釣り文学

釣りは「遊魚」

子供の頃、箱根芦ノ湖を水源とした早川に箱めがねで川底を覗きながら、川底にひそむカジカなどを簎《やす》で突いて捕ったり、二股になった川の一方を堰止めて逃げおくれた小魚を捕ったりして楽しかった川遊びの思い出がある。

『安政見聞記』によると、釣りをすることを「遊魚」とある。魚を遊ぶ。魚釣りは遊ぶことであるといっている。

たしかに自分で釣竿一本もって魚を釣るのは楽しい。魚を釣ることは、釣れる釣れないにかかわらず、自分の技次第だからだが、諦めがつく。釣るのは面白かったけれども、長い歳月続けていると釣れても釣れなくてもいいという心境になっていく。どうしても釣らなくてはならないということではなく、心の中が楽しい遊びで満たされているのかもしれない。しかし不思議に長年かけて釣っていると、経験が自然と蓄積されて釣れてしまう。釣ろうとすれば焦りがあって本当の魚いるポイントに、仕掛けが入って行ってないのだろう。そうした体験を経て無我の心境になる。そして釣れてしまうから、釣りは不思議な遊びである。

「釣り文学」の誕生

私は、いわゆる一般的な小説を書いてきました。師事していたのは歴史小説作家榊山潤でした。榊山潤は「毛利元就」「歴史」「新名将言行録」など数々の名著を刊行し、昭和七年には徳田秋声夫人の亡くなった日を記念した「二日会」から「秋声会」を、阿部知二、井伏鱒二、尾崎士郎、室生犀星、船橋聖一らと徳田秋声宅を訪問して結成し、同人誌「あらくれ」を創刊した一人である。また、長年文壇本因坊としての地位を保持した作家である。榊山潤に関しては『歴史作家榊山潤――その人と作品』と題して叢文社から単行本を刊行した。

小説を書き続けていたある年、いままで長年釣りを続けていて、それを舞台にした新しい分野の人間模様が書けないだろうかと、考えたのが発端だった。それからおよそ二十年模索しながら書き続けて、ようやく、「釣り文学」という形の小説になってきた。これだけ釣人が多くいても、誰も釣人を主人公にした小説を書いていなかった。エッセイや釣りの技術、釣行文を書いている作家は結構いるし、体験記を書いている著名作家もいた。しかし、ドラマとして釣人を主人公にして釣りの世界というものは誰も書いていない。そこに何か自分の生き甲斐とか釣具の研究開発を盛り込んだ人間を書いてみたいと考えた。

いままで誰も表現したことがないものを自分が発想しながら書くところにも、書き手の面白みがあるのだが、新しいストーリーというものは自分で探さないといけない。いままで誰かが書いたストーリーに乗せて書くのなら割り合い易しいと思えるのだが、それでは新鮮さに欠ける。新しい舞台を作ってストーリーを探し、それにのせて書かなくてはならない、自分の頭の中で推理しながら探す苦心をしている時には、夢の中に出てきたこともあって、「そうだ、そう書けばいいいんだ」と、不思議に新しいストーリーが出てきたこともあった。

他社に先がけ「釣り文学」と銘うって出版したのが『岩魚』(一九七五、九・三〇発行　叢文社刊)で、その後も『釣り文学シリーズ』として出版し続けてくれているのは、知己を得て半世紀に亘る叢文社社長伊藤太文氏である。

釣れると駄目

何作も書いていると、同じストーリーでは意味ないから、作品ごとに登場人物、ストーリーは、その作品によって異にしなくては興味が湧かないのは、何の読み物でも同じことがいえる。そこが最も苦労する。そして、書けない時には、釣りに行くことにしていた。

川の流れを眺め、流音をききながら釣竿を出して川岸に立つと、もう自分だけの世界に浸れるからその中に没頭出来る。極端な表現をすると仙人みたいな境地に入り込める。雑念が何もなくて、釣竿を構えて糸を垂れていればいい。

それで釣れてしまうと駄目である。そっちの方へ気が逸れてしまう。それまではじっと無心でいると、いい考えが浮かんでくるのだが、ぐっぐっと魚が引き、釣れてしまうと続いて釣れる期待感が湧いて、そっちの方へ中心が向いてしまう。それが難しいことである。

自分で探し求めて、こう書こうといった、自分の体験をベースに考案したりしながら仕上げて行くわけで、釣りをする人の中に人生を盛り込むのが「釣り文学」といえると思う。釣りを趣味にするといった単純なものではなく、ある程度まで釣りの極意の技を具えた人を主人公に仕立てて、その先の世界を読みとってもらえるような作品を書きたいのである。

しかし、釣りは釣れたら釣れたで、えもいわれぬ感触を味わえる楽しい遊びである。

『釣師』『鮎師』

最近は釣れなくなった。特に近くの早川は川幅が広くないうえに、川鵜が目立つようになった。石の上で両羽根を広げている黒い鳥は、深い所でももぐって鮎を捕ってしまう。下流の箱根登山鉄道箱根板橋駅から近い大窪橋の付近では、ゴイサギやシラサギは鮎がいる川底までもぐれないから、堰堤脇に設けた魚道の浅い個所で溯上してくる鮎を待っている。その点鵜は深くても平気だから、いくら稚鮎を放流しても喰われてしまう。一説によると一羽が一粁位食べるというから、十羽いれば十粁。早川のように小さい所ではたまらない。

そういう事象がある現実の姿ではあるのだが、書いている内容は鵜に食われるとか何とかではなく、自分の情景を画きながらその中にストーリーを考えるわけです。

喩えば、釣りを上手くなりたい人がどうしたら上達するか、或は自然の環境の大切さから全部ひっくるめて観察しながら魚が好みそうな場所、こうすれば釣りは上達するだろうとか、さらには釣りの心とは何かを訴える。そうして書き上げたのが『釣師』『鮎師』ある。これらの本は、釣りの極意や、一流の仕掛けから道具まで詳細に、全体的に書いてあるので、読めばおそらく釣りが上手くなると思う。日本の友釣りのいわゆるプロに類する集団に所属し、数多くの大会で優勝していた兄が研究し続けていた仕掛けを、私が伝承して詳細にストーリーの中に盛り込んであるからである。言うまでもなく、その前提として魚が着く場所、水流の見究めが出来ることは必須条件である。

釣竿師のはじまり

書くための資料を調べていると、小説のテーマが次々と出てくる。そして次々と連想して書き続けることが出来た時期があった。

江戸時代の頃釣りをしていたのは大名とか武士、それとこの辺でいう旦那衆で、教養も備わった人たちだった。特に平和な時代に移った頃の二男三男は戦がなくなると、殆どが何もすることがない。長男は跡を継ぐから財産があって生活出来るが、二男三男は豊かな家柄でない限り、食い扶持はなく小遣いも事欠く日々であった。姿かたちのよい人は役者、声が良いのは歌うたいになれるけれども、それは僅かで、一般的な二男三男は暇があってもお金がない。そこで時間がつぶせて金もかからない。誰にも迷惑がかからない釣りが盛んになったわけである。江戸時代には武士以外は釣りをしてはいけないこともあって、隠居などの人たちが道楽でいい道具が欲しい風潮も生じてきて、手先が器用な武士の二男三男が、釣竿を作りはじめたのが釣竿師という商業の発端であったという説がある。

私は二男で、私の時代には正職があるけれど、釣りでもしなければ日々を過ごせなかった当時の二男三男の立場が気の毒に思えたこともあって、そういう人たちを主人公に取り入れて小説にしたのである。

甘露の味

昭和三十二年、同人誌「文芸日本」の発行責任者は榊山潤先生で、編集に当たっていたのは文芸評論家の第一人者尾崎秀樹さんだった。

同じ頃西巣鴨の榊山先生宅で尾崎さんと出会い「文芸日本」の同人となった私も、尾崎さんも、二十代だった。しかし二歳年上の尾崎さんは、すでに「魯迅」を「文芸日本」に連載していた。

私は月刊誌「随筆」（産経新聞社）の昭和三十年新年号に随筆が入選した程度だった。選者は徳川夢声、木々高太郎、辰野隆といった著名人で、その後も入選して、随筆の本質の難しさを知らずに、なんとなく書けると安易に考えていた。

その頃会社に勤務しながら小説を書いていた私は、豊島振興会館でやっていた「文芸日本」

の月例会に常時出席していた。

ある年の例会に、開始時間よりかなり早く会場へ行った時、尾崎さんがいて、どういうきっかけだったのかははっきり覚えていないが、小説を書くことの意義についての話になった。書くということは、自分の内面にある何かを訴えたいものがあるかで、それを表現する方法は人によって異なるが、僕らはそれを文章で現そうとしている。しかし全部書いてしまったその後には、何があるというだろうか。自分の中の総てを出しきった後はどうなるか、といったことに発展し、二人で議論めいた対話をした記憶が鮮明に残っている。

随筆から小説へと移っていた私には、そこから新しい発見が生じるのだろうと思い当たる節が、理屈としておぼろげに認識していた頃だが、尾崎さんは、「そこに新しい発見が生じるのだろう。そうでなくてはいい作品は書けない」と、はっきりいっていた。

後年単行本を書き続けているうちに、尾崎さんと議論していたとおり、新しいものが自然と見えてきた。そして、いままでの自分の中には持っていなかったものを発見的に書けるようになるだろうといったことが、明瞭になっていた。

尾崎さんとのつき合いは、平成十一年（一九九九）九月亡くなるまで続いた。その間、私を日本ペンクラブに誘ってくれたこと。榊山先生没後『回想・榊山潤』を、伊藤桂一さん、尾崎秀樹さん、私とで編集発行出来たこと。昭和五十三年以来私が引き受けている榊山潤先生を囲む会「榊の会」の発足時の推進役として、伊藤桂一さん、尾崎秀樹さん、駒田信二さん、林富士馬さんがいて、榊山先生の身近にいたこともあったことからか、私を会の世話人と指名したのも、同じ人たちからだった。

「榊の会」は、「文芸日本」が解散した後の昭和三十六年、同人誌「円卓」が榊山潤先生編集で発刊していた時の同人と、「文芸日本」の仲間だった人たちが合流した二十五人の会だった。昭和五十五年（一九八〇）九月榊山先生が亡くなった後も続いて、現在七十名のメンバーがいる。年一回程度の集まりには、殆どの仲間が出席して、伊藤さん、尾崎さん、駒田さん、林さんの、それぞれのタイプの文学についての話からはじまり、次いで雑談といった内容ながら得ることが多い。いまでは同窓会のような雰囲気になっている。

数年前、形のよい鮎がよく釣れた頃、九月に釣った鮎を白焼きして冷凍庫に貯え、集まりがある前日、百尾ほどの鮎を家内が昆布で巻いて干瓢で結び、甘露煮を作った。釣ってくるのは私で、脂がのった最盛期の形がよい野鮎。昆布は利尻産で干瓢は茨城産といった主材だが、仲間は当然喜んで、それを目当てに出席する人もいた。しかし、五年ほど続けた頃、形のよい鮎がいなくなって中断した。

小説は、よい文章内容に仕上げることは大切なことだが、それに加えて、幹流にいる一流の人との交流による人柄や姿勢を併せて身に付けることが、重要な要素であることはいうまでもないことだと思う。

かつて「円卓」の編集同人だった私にとっては、多くのすぐれた人たちとのめぐり合いがあったことによって、小説・随筆の中に広がりと深まり、そして新しい発見を見出して身に付けることが得られたと、いまも感じている。

それは偶然性ではない。自らの精進とともに、そういう人たちとの交際の場を保つことが、小説を書く身にとって欠かすことが出来ないことを、長いつき合いの人が、身辺から一人減り二人減りしていくうちに、しみじみと感じる。

二〇〇一年（平成一三年）七月二〇日（金）

早春寸描

去年の春は、庭の梅の花が見事に咲いた。

梅の木はずっと以前に、小田原市から各家庭にいただいたのを育てたものだが、さしわたし二十五糎ほどの幹に成長している。満開の頃に雪が降ったが、積もるほどではなかった。積もるほど降った年もあったが、驚くほどではない。

以前、出版社の仕事で、春先に新潟の入広瀬村へ入ったことがある。全国でも有数の豪雪地帯で、三米近い雪の壁が道路の両側に出来ていた。しかし、路面には放水出来る設備が整っていて雪は残らず、車の通行には困らなかった。

それに比べ、箱根越え道路は、多めに雪が降ると忽ち通行止めになる。家の前に見える箱根ターンパイクは、好天の日曜日には箱根山から連らなって、車やオートバイがくだってくる。排気ガスもさりながら、エンジンをふかす音が特にうるさい。それが雪の日には交通が止まって、実に静かである。たまに管理事務所のジープがチェーンの音を立てて走っているのを、夜更けにきくと、雪国へ旅に出ているような錯覚を覚える。

梅の木の前には、同じ位の太さの柿の木がある。その前面の道路に面した太さ十五糎ほどの乙女椿は、毎年びっしりと花を付けてくれる。四十年ほど前になるが、東京の大手町の会社に勤務していた頃、会社の中庭に売りにきた花の苗木を眺めている時に、家内の椿好きを思い出して買った苗木である。今年もまた蕾が枝先いっぱいふくらんで、咲く時節を待っている。

椿はいろいろな種類を植えてあった。特に紅卜伴はこんもりと茂り、咲き始めると道路を通る人が足を止めて眺めていたが、いまの家に建て替える時に工事の支障になるといわれて一時移転してもらった。翌年家が完成した五月に、庭の工事業者が植木職を頼んでくれて庭へ戻した。移植の季節は申し分ないと思い込んで、毎日水をたっぷりやっていたが、どういう加減か枯れてしまった。長年育てて二階のベランダの高さに伸びて、毎年花が咲いて楽しんでいた侘助も同様の悲劇に遭った。丹誠こめて家と共に思い入れがある樹木を失うのは、悲しいものだ。

梅の花が咲き、椿の蕾が開く頃になると、四十雀《しじゅうから》がきて、目白や鵯は花の蜜をなめにくる。目白は殆ど終日、十羽ほどが椿、柊、木犀などの密生した小枝の中で、小声で鳴きながらたわむれ、遊んでいる。柿の実が熟れる頃には、家族が取る前から、かわるがわるつつきにくる。突然飛び立ったかと思うと、鵯のけたたましい鳴き声が飛んできて、ばくばくとついばんでいく。梅の枝に吊るした餌台に置く柿を、目の前で軽業師のように逆立ちしながらついばむ目白は可愛いが、木枯らしのような鳴き声で飛んでくる鵯は、追い立てたくなる。しかし、胸腹部の灰色帯びた青い色の羽をしている鵯が、首をかしげたりしてこっちを見ている姿を見ると、憎めなくなるものだ。

庭に桜んぼの木があった頃、ペルシャ猫のモコと、ペルシャと日本猫の合の子、三毛猫レフティがいた。レフティはアメリカ映画に中に出てきた猫の名前を、娘が気に入って名付けたのだが、家内が話しかける言葉がわかるような顔をしていて、廊下の引戸を自分で開けて出入りしていた。他の桜の花に咲きがけて咲く桜んぼの木の高い枝で、じっとしている時が度々あった。

ある日、勇んで廊下から家の中へとび込んできたかと思うと、自分の食器の前に座って誇らしげな表情でふり向いた。

食器の中には目白が入っていた。触れると暖かい雄目白は、真っ白な羽二重で縁どられたような目を潤ませて死んでいた。

釣りの心得の一つに「木化け石化け」という諺がある。釣竿を構えた時、周囲の木や川辺の石の如く化し、魚に人の姿を見破られないようにする教訓である。レフティが桜の木でじっとしていたのは、目白が木と同体の如くに見ちがえ、平気で近付くのを根気よく待っていたのであろうか。

家内に叱られたレフティは、桜の木に登らなくなり、目白の雌が弱々しい鳴き声を発しながら一羽飛んできては、餌台の柿の実をついばみ、花の蜜をなめていた。

今日も鳥たちが訪れているが、間もなく梅の花が咲き、やがて百花の季節になる。膨らみはじめた梅の蕾が何よりの証である。


二〇〇二年（平成一四年）一月二六日（土）

仙心に遊ぶ

『江戸釣術秘傳』を書き上げてひと息つくと、古稀目前だった。

古稀とは、七十歳の称。杜甫の詩「曲江詩」の中の「人生七十古来稀」からきていると、『広辞苑』にはでている。

前記原稿を書くにあたって、必要上読んだ『五雑組』＝中国明時代に謝肇淛（一五六七～一六二四）著、天地人物事の五部の諸事を雑記した十六巻＝によると、蘇州呉県の人葉少蘊《しょうしょううん》（一〇七七～一一四八）がいうことには、「五十歳以後は子をもうけず、六十以後は家を建てず、七十以後は官につかない」といった、と書いてある。著者は、「五十以後は妾を置くべきではなく、六十以後は官職につくべきでなく、人生七十に至り得るものは幾人いるだろうか、七十からあとは一切の名誉欲や俗念すらことごとく断ち切って、天寿を保つことがよい」

と論じている。

いまの日本人の寿命から考えると、七十歳は決して稀な年齢ではないと思うが、七十歳に達し得るものは稀であったのが人の一生といった時代の話である。

私ごとに想いを巡らせると、五十代は会社で職員部門の仕事にたずさわり、働き盛りの現役だった。

一方出版は、単行本数冊書いた四十代に続いて、小説『鮭の川』『金色岩魚』『鮎師』。エコロジー文学『カーンバックサーモン』など五冊の単行本を書いたほか、雑誌社の取材原稿依頼を度々受け、月刊紙にもかなり書いていた。

会社の仕事は、家族四人の生活が保たれているからおろそかに出来ないのは当然のことだが、人事異動期春闘秋闘の時期は、物理的にも精神的にも原稿を書ける状態ではなかったが、寸暇を惜しんで書かざるを得ない時が多かった。

加うるに、子どもたちは成育盛りの年頃で、父親としての対話が必要だったがゆとりがなく、すべて家内まかせにしていた日日の連続であったことは、いまなお胸裡に戒慎の想いが残る。

そのような中で原稿を書き続けていたのは、経済発展によって目先の生活環境は豊かに見えるが、大気は汚染し清流は汚濁していく現状を、文章に表現することが私に出来る唯一の方策と考え課題としていたからである。出版社の社長とは、昭和三十五年頃編集同人だった同人雑誌発行の関係から、気心を知り合った間柄になっていた。釣りに関しての書物は、随筆、紀行、実技の類は多く出回っていたが、釣りをする人物を登場させた小説はなく、新しい発想ということで出版してくれたのが運よく当たって、次々と原稿の注文が続いていたのである。私自身釣りは好きだし、仕掛けなど当然自分で作って魚を釣っていたから、釣りの場面はさほど苦労はなかった。

そうして書き続けていくうちに、釣りとは幽玄の世界を多分に含んでいる想いが浮かんでいた。すぐれた景色の山野に入り、きこえるのは流音と鳥の声。漂う靄の中に佇み、没我の境に融け込んでいると、その気配が深まっていく。

若い頃、上田秋成の作品が好きで、愛読していた潜在的なものがそのようにさせていたのかもしれないが、そのことを意識しながら好みの場所を設定し、登場人物を考えて書いているうちに、もう一人の自分がその世界に登場して筋書を展開させていくことが面白くなっていく。そして、六十歳が見えてきた時に会社を退職した。

週刊誌に連載小説を書いたのはその頃で、本格的に時代小説に取り組むようになったのも同時期だった。釣りに関する歴史などを調べいくうちに、釣りが盛況を極めたのは江戸時代の平和な時勢が顕著な影響を及ぼしていたのも理由の一つで、釣鉤の形、道具、釣り方など、どれを取り上げても基本理念は現代に続いているのである。むしろ現代の釣人が持っている釣りに対処する時の観念よりも、ずっと深遠なものを備えていた人が多かったのではなかろうかと感じたこともある。江戸時代をぬきにして釣りは語れないといっても過言ではない発展と、寄与したあまたの好人粋人の存在と共に、その中で生きてきた侍の姿もまた無視出来ないものがあった。そして、幽玄さと当時生きていた侍の人情なりを融合させたかった小説『元禄釣り侍』『夢・岩魚』『天方釣り』を書いたのである。

長いおつきあいが続いている大先輩の著名作家が、「小説を書いて五十代は青年、六十、七十で壮年だ」と話してくれたことがあった。原稿を書いて本になり書店に並ぶ繰返しをしていると、次々と想像の世界が広がってくるのは、六十代になっても止むことがなく、『五雑組』にいう六十で現役を退くことや、七十になったら天寿を保つことに専心するなど思いもよらないとの考えもあった。

出版社へ渡した『江戸釣術秘傳』は、いわゆる日本の釣りの古典で、釣りに関して全般の研究書ともいえる内容である。その中には、贅沢といわれた釣道楽は、釣りの道を楽しむ。あるいは風流を専一とし、風流の心を解するものが世の中のわずらわしさから離れて無心でありたいとの願望を持った時、智恵ある仁者は静かに釣りを楽しんだといわれている。
人それぞれ天寿に相違があるといっても、大局的視野に立って考察すれば、今昔を問わず、一切の名誉欲俗念を断って天寿を保つことが古稀に達した人間の生命のすごし方かもしれない。それくらいゆとりが欲しい。迎えた新世紀、釣魚一竿無心になり、仙心を楽しむ境地を心がけたいとも思う。

二〇〇一年（平成一三年）一月六日（土）

著者　小田　淳（おだ・じゅん） 

1930年神奈川県生
日本文藝家協会会員
日本ペンクラブ会員
大衆文学研究会会員
電電時代賞受賞
主な著書　『岩魚』『山女魚』『名竿』『釣師』『鮎師』
『元禄釣り侍』『カーンバックサーモン』
『歴史作家榊山潤その人と作品』『江戸釣術秘傳』
『釣具考古・歴史図譜』『魚愁』『相模武士秘録』等、
多数

一竿釣談《いっかんちょうだん》

平成二十六年十一月一日　初版第一刷

編著者　小田　淳
発行者　伊藤太文
発行所　株式会社　叢文社
〒112—0014
東京都文京区関口一—四七—一二
電話　〇三（三五一三）五二八五

印刷　モリモト印刷株式会社

定価はカバーに表示してあります。
乱丁・落丁についてはお取り替えいたします。

ISBN978-4-7947-0733-8

絶賛発売中　小田淳傑作選シリーズ

魚愁

森羅万象の力に、人間が挑んだとき。触れてはいけないものに、人間が触れたとき。取り返しがつかなくなる前に、人間がやるべきことは・・

定価：本体１５００円＋税
ISBN978-4-7947-0639-3

妖し釣

人間が決して踏み込んではいけない場所もあるのですよ・・・音もなく凪いだ暗い海で、ひとり夜釣りをしていると、背後から何かが迫ってくる気配を感じたことはありませんか？

定価：本体１２００円＋税
ISBN978-4-7947-0669-0

岩魚の季節

釣り文学の巨匠が詩と俳句で綴る魚への憧憬。萩原葉子など作家仲間への想い。

定価：本体１５００円＋税
ISBN978-4-7947-0697-3

相模武士秘録

頼朝旗揚げから後北条落日まで。国盗りを争った武士たち。元を糺せば先祖は同族。頼朝・早雲蹶起の地は伊豆韮山だった。歴史真発掘ー三浦軍団・土肥・大庭・波多野・河村・松田・大森・早雲……

定価：本体１５００円＋税
ISBN978-4-7947-0718-5